마음 칼럼니스트 박미라의 엄마 심리학
완벽하지 않아도 괜찮아

박미라 지음

머리말

**선배 엄마가
후배 엄마에게 보내는
위로의 편지**

　　첫 아이를 낳았을 때 나는 내 어머니와는 다른 엄마가 될 자신이 있었습니다. 어머니처럼 화내지 않고, 자식을 몰아붙이지 않으며, 자식을 괴롭혀 역효과를 내는 어리석은 엄마가 되지 않겠다고 오래전부터 수없이 다짐했으니까요. 그런데 아이를 낳고 알았습니다. 아이를 통제할 때 화내는 것 말고 어떤 방법이 있는지 전혀 모른다는 사실을요.

　　예민한 첫 아이를 낳아 기르는 일은 전쟁이었습니다. 어쩔 줄 몰라 하는 내 마음이 어쩌면 현실보다 더 격렬한 전쟁터였는지도 모르겠습니다. 직장을 다니기 시작하면서는 더 그랬습니다. 아이와 남편, 부족한 시간, 그리고 피곤한 내 육체와 매일 전쟁을 벌였습니다. 이 세상 그 누구도, 심지어 내 육체마저도 내 마음 같지 않았습니다. 둘째 아이를 기를 때는 한결 수월했으나 첫째와 전혀 성격이 다른 아이를 어떻게 대하고 다루어야 할지, 두 아이 사이에서 어떻게 균형을 잡아야 할지 여전히 막막했습니다.

전쟁을 치르듯 아이를 기르면서 저는 많이 성장했고 강해졌습니다. 심리적 어려움에 처한 이들을 돕게 된 것도, 삶을 대하는 태도에 여유가 생긴 것도, 나의 어머니를 이해하게 된 것도 엄마로 살아온 시간이 있기 때문이었습니다. 하지만 여성들이 모두 저처럼 전쟁을 치러야 한다고 생각지는 않습니다. 오히려 제 마음이 편안해질수록 과거 내 모습을 떠올리면 안쓰럽기만 합니다. '그때 그토록 긴장할 필요 없었는데' '매사 그렇게 두려워하지 않아도 됐는데' '내게 조금 더 너그러워도 괜찮았는데' 하면서 아쉬워합니다.

그래서 한 육아 잡지에 '엄마의 심리학'이란 코너를 연재하게 됐습니다. 젊은 엄마들에게 꼭 해주고 싶은 말이 있었습니다. '서툴고 좀 무속해도 괜찮습니다. 당신은 지금 최선을 다하고 있어요. 당신을 지지합니다. 아이를 염려하는 만큼 자신을 위로하고 사랑해주세요.' 이렇게요. 그리고 5년 동안 쓴 원고를 모으고 보완해서 드디어 한 권의 책을 내게 되었습니다.

이 책은 선배 엄마가 후배 엄마에게 보내는 위로의 편지입니다. 지금까지 상담과 강의를 하면서 저는 불안과 우울로 지쳐 있는 젊은 엄마들을 많이 만났습니다. 제가 아이를 기르던 시절과 달라진 게 없더군요. 엄마를 가장 지치게 하는 건 '자책감'일 겁니다. 아이를 잘 다루지 못하는 나, 아이에게 화풀이하는 나, 살림도 제대로 못하고, 인간관계도 원만하지 못한 나를 경험하면서 깊은 무력감을 느끼며 늘 자책합니다. 멋진 엄마가 되고 싶다는, 아이에게 나와 다른 어린 시절을 경험하게 해주고 싶다는 소망은 어느덧 사라지고, 분주하고 소란스러운 매일을 견디는 것만으로도 힘겹습니다.

그런 자신이 부끄러워서 엄마들은 고민을 털어놓지 못하고 남 몰래 애를 끓입니다. 왜 나를 통제하지 못하지? 왜 이렇게 부족하지? 내 마음속에 사는 이 괴물은 무엇일까? 사는 게 어쩌면 이렇게 어려울까?….

그럴 땐 무조건적인 엄마 편이 필요합니다. 누구보다 젊은 엄마의 마음을 잘 이해하는, 엄마들의 편에서 위로하고 다독일 사람 말입니다. 사실 조금 부족해도 괜찮습니다. 당신이 화나고 슬픈 데는 분명 이유가 있을 겁니다. 스스로 그 감정을 이해하고 따뜻하게 위로해주어야 합니다. 그것은 당신의 아이를 사랑하는 것만큼 중요한 일입니다.

또 적절한 조언도 필요합니다. 젊은 엄마들에겐 고민이 많습니다. 실제로 발달심리학은 성인 전기를 인생에서 가장 스트레스가 많은 시기라고 이야기합니다. 취업, 결혼, 출산 등 어른으로서 감당해야 할 많은 역할이 주어지고 그에 따른 다양한 경험이 시작되기 때문이지요. 대한민국 여성들의 경험은 더욱 그렇습니다. 오로지 공부에 매달려 살다가 사회에 나와 보니 이번엔 엄마, 아내, 며느리의 역할에 최선을 다할 것을 요구받습니다. 인간으로, 그리고 여성으로서의 자신을 제대로 찾기도 전에 시작된 엄마로, 그리고 어른으로 살기는 낯설고 두렵기만 합니다.

　이런 어려움을 겪는 엄마들에게 아이와 관계 맺는 법에 대해, 가족이나 친구, 이웃과 함께하는 방법에 대해 알려주어야 합니다. 어머니 세대 여성들에게 축적된 삶의 지혜가 있을 것입니다만 대부분 단절되어 전해지지 않는 것은 안타까운 일입니다. 이 책이 그 일을 시작합니다. 선배 엄마로서, 그리고 마음 칼럼니스트로서 치열하게 살아온 제 삶의 경험을 바탕으로 젊은 엄마들의 고민과 질문에 답했습니다.

　무엇보다 이 책은 엄마의 자기 돌봄과 성장을 말합니다. 아이를 키우면서 엄마가 어떻게 자신을 비난하지 않고 따뜻하게 돌볼 수 있는지, 자기 성장은 어떻게 가능한지에 대해 이야기합니다. 다시 말해 아이의 발달과 행복을 위해 노력하는 과정에서 엄마도 내적으로 성장하고 성숙해야 합니다. 아이를 따뜻한 눈으로 바라보듯이 자기 자신도 그렇게 대해야 합니다. 엄마도 아이만큼 귀한 존재라는 사실, 엄마도 공들여 키워진 존재라는 사실을 잊어서는 안 됩니다. 실제로 그게 가장 바람직한 육아입니다. 내가 나를 따뜻한 마음으로 대할 때 아이를 향해서도 따뜻한 돌봄의 마음이 자연스럽게 우러날 테니까요.

이 책은 엄마들이 보낸 53개의 사연에 답하는 형식으로 쓰인 위로와 격려, 용기와 희망의 이야기입니다. 1장은 자신이 엄마로서의 자격이 있는지 회의하는 엄마들의 질문에, 2장은 육아와 아이 교육에 어려움을 느낀다는 질문에, 3장은 엄마가 되어 경험하는 부정적인 감정에 대해, 4장은 육아 과정에서 경험하는 가족 간의 갈등과 해법에 대해, 마지막으로 5장은 행복하고 당당한 엄마로, 여성으로 살기 위해 필요한 것들에 대해 다루었습니다.

책 한 권이 나오는 데 얼마나 많은 분의 도움과 정성이 필요한지 모릅니다. 저의 상담칼럼을 연재해준 육아잡지 〈베스트베이비〉, 그곳에 자신의 사연을 보내온 얼굴 모르는 젊은 엄마들, 그리고 출판을 허락해준 한겨레출판은 가장 고마운 분들입니다. 특히 책이 무사히 나오기까지 끈기를 가지고 이끌어준 오혜영 씨에게 감사합니다.

이 책의 숨은 공로자가 있다면 그건 저의 두 딸입니다. 딸들이 아니었다면 엄마로서의 삶을 산 나는 없었을 것이며, 애초에 이 책은 만들어지지 않았을 겁니다. 함께 아이를 키우며 고생한 남편에게도 고마운 마음입니다. 그리고 이 책의 추천사로 저에게 힘을 주신 혜민 스님께도 감사의 마음을 전합니다.

이 책이 우리 사회의 젊은 엄마들을 행복하게 하는 데, 그리고 아이들이 행복해지는 데 보이지 않는 밑거름이라도 되었으면 좋겠습니다.

박미라

차례

Chapter 1
완벽하지 않아도 괜찮아요

018 엄마가 된다는 게 부담스럽고 힘듭니다
부족한 엄마가 좋은 엄마입니다

023 제가 엄마 자격은 있는 걸까요?
엄마는 태어나는 것이 아니라 만들어집니다

029 출산 후 제 인생이 사라져버린 것 같아요
부모는 아이를 키우면서 진짜 어른이 됩니다

034 마흔둘의 임신, 출산이 다가올수록 걱정이 태산입니다
엄마가 되는 불안, 그 뿌리를 찾아보세요

039 자유로운 미혼 친구들이 부럽기도, 때론 서운하기도 해요
육아가 새로운 관계를 만들어줍니다

044 아이를 낳은 뒤에 우울한 마음이 가시질 않아요
슬픔에 저항하지 말고 실컷 울어보세요

050 육아에 무관심한 남편 때문에 너무 화가 나요
아빠의 육아 참여, 끊임없이 구체적으로 요구해야 합니다

Chapter 2
아이 인생을 미리 걱정하지 마세요

- 060 아이들에게 자주 화를 내요
  아이만큼 엄마도 소중한 존재입니다

- 065 아들 둘 가진 게 죄인가요?
  주변의 편견에서 내 아이를 지키세요

- 070 엄마에게서 한시도 떨어지지 않는 아이, 방법이 없을까요?
  지나치게 헌신하면 몸도 마음도 병들어요

- 076 아이가 너무 순해서 손해 보며 살지 않을까 걱정입니다
  아이 인생을 쉽게 추측하고 미리 걱정하지 마세요

- 081 말썽꾸러기 우리 아이, 사람들의 지적이 신경 쓰여요
  밖에서는 무조건 내 아이 편이 되어주세요

- 086 아이가 밖에서와 집에서의 행동이 너무 달라요
  당신의 내면 아이와 닮아 있지 않나요?

- 091 곧 동생이 태어날 텐데 어리광이 부쩍 늘었어요
  아이와 눈을 맞추고 깊게 안아주세요

- 096 아이와 놀아주는 게 마음처럼 쉽지 않아요
  하루에 10분, 혼자만의 시간을 가져보세요

- 101 아이가 엄마보다 할머니랑 아빠만 찾아요
  엄마의 자리를 놓치지 마세요

- 106 아이 교육 문제로 남편과 늘 부딪쳐요
  아이 교육, 아이에게 물어보세요

112 아이 맡긴 죄인, 아이 선생님과 대화하기 꺼려져요
　　　엄마 책임일까 두려워하지 마세요

117 이론과 실전이 너무 다른 육아,
　　　아는 만큼 마음이 두 배로 불편합니다
　　　멋진 엄마가 되려 하지 말고 건강한 엄마가 되세요

Chapter 3
나도 몰랐던 내 감정 때문에 상처받지 마세요

124 행복하다가도 문득 우울해져요
　　　엄마의 잃어버린 자아, 아이에게 보상받으려 하지 마세요

128 아무것도 모르는 6개월 아이에게 폭발하듯 화가 나요
　　　지금 당신에겐 위로가 필요합니다

134 아이를 키우면서 엄마에게서 받았던 상처가 떠오릅니다
　　　당신 탓은 아니지만 당신이 치유해야 합니다

139 아이를 편애하는 전 엄마 자격이 없는 게 아닐까요?
　　　아이를 평등하게 대할 원칙을 정해보세요

145 아이가 아픈 것이 제 탓 같아 괴롭고 우울해요
　　　고통스러운 현실, 극복하려 애쓰기보다 담담히 받아들이세요

151 아이가 소극적이고 부정적인 제 성격을 닮아 걱정입니다
　　　단점에 매달려 괴로워하지 마세요

157 동네 엄마들과의 수다가 불편합니다
　　　본질은 스트레스! 독서 모임을 해보면 어떨까요?

163 아이한테 무조건 좋은 것만 사주고 싶어요
아이를 위한 소비 욕구, 엄마의 가치를 높이려는 욕구입니다

169 원하지 않았던 둘째를 임신해서 심란합니다
가족에게 또 한 명의 같은 편이 생기는 것입니다

174 아이를 재우고 혼자 술 마시는 시간이 늘었어요
감정 습관과 음주 습관을 관찰해보세요

179 아이가 울면 화가 나서 참을 수가 없어요
육아는 내 아이와 내면의 심리적 아이를 동시에 키우는 일입니다

Chapter 4
가족, 남보다 더 불편할 때도 있어요

186 고부 갈등, 어떻게 풀어야 할까요?
적당한 예의, 일정한 거리가 필요합니다

192 별일 아닌데도 자꾸 남편에게 화를 내요
분노와 짜증에는 반드시 이유가 있습니다

197 편하게 사는 엄마에게 질투가 나요. 제가 꼬인 걸까요?
공주였던 과거는 잊고 당당한 어른으로 성장하세요

203 사사건건 간섭하는 시누이 때문에 스트레스 받아요
집안의 평화를 위해 내면의 전쟁을 감수하지 마세요

208 잘사는 동생 때문에 자꾸 움츠러들어요
한때의 행복과 불행에 너무 마음 두지 마세요

213 결혼 전엔 그렇게 좋았던 남편이
　　지금은 보기만 해도 짜증이 나요
　　심리적 아빠와 현실의 남편을 구분하세요

218 시어머니가 제 임신을 좋아하지 않아요
　　시어머니도 자신의 역할이 낯설답니다

223 잔소리하는 친정 부모님 때문에 마음이 상해요
　　부모님에게 당신은 여전히 어린 딸입니다

228 아이들만 챙기는 남편에게 서운한 마음이 들어요
　　남편에게 관심과 애정을 당당히 요구하세요

234 자꾸만 남편 눈치가 보여요
　　남편을 보는 색안경을 벗어보세요

239 시어머니가 저를 만만하게 보는 것 같아요
　　당신이 시어머니를 싫어하는 것일 수도 있습니다

244 아이에게 밥을 떠먹여주는 시어머니,
　　그대로 두어도 괜찮을까요?
　　엄마와 아빠의 개입이 필요합니다

Chapter 5
내 선택에 기꺼이 책임지고 지지하세요

252 작은 취미생활에 돈 쓰는 것도 눈치가 보여요
　　자신을 위한 투자, 권리가 아니라 의무입니다

257 　모유 수유 후, 빈약해진 가슴에 자신감도 떨어집니다
　　　엄마에서 여자로 돌아온 당신을 축하해주세요

262 　미혼 친구와의 관계, 왜 자꾸 어긋나기만 할까요?
　　　친구 관계가 공평했는지 돌아보세요

268 　계획하지 않은 둘째 임신, 직장에서 눈치가 보여요
　　　행복은 습관이고, 인생은 살아가는 방법입니다

273 　직장맘이라 학부모 사이에서 왕따가 된 것 같아요
　　　현실을 인정하고 당신만의 강점을 키우세요

278 　회사에서 저도 모르게 자꾸 눈치를 봐요
　　　여성들 간의 갈등, 여성의 탓이 아닙니다

283 　아이가 초등학교에 입학합니다. 일을 그만둬야 할까요?
　　　눈에 보이지 않는 유리천장을 조심하세요

288 　4년 만의 직장생활, 민폐는 아닐까요?
　　　엄마로 살아온 저력을 믿으세요

293 　출산과 육아 후 새취업이 쉽지 않아 속상해요
　　　당신이 처한 상황을 인정하는 데서 시작하세요

298 　재취업을 하고 싶은데 남편이 반대해요
　　　스스로 결정하고 기꺼이 책임지는 자세가 필요합니다

303 　줄곧 전업주부로 살아왔는데, 이젠 사회생활이 하고 싶어요
　　　자신을 위한 의미 있는 삶을 포기하지 마세요

완벽하지 않아도
괜찮아요

지금 여러분이 인간적인 엄마라면 여러분은 이미 훌륭한 엄마입니다.
명심하세요, 조금 부족한 모성, 부족한 엄마가 가장 훌륭한 엄마라는 사실을.
조금 서툴고, 완벽하지 않아도 괜찮습니다. 그러니 가슴을 활짝 펴십시오.
훌륭한 엄마의 또 다른 요건이 있다면 그건 당당함이랍니다.

Chapter 1

"
1

엄마가 된다는 게
부담스럽고 힘듭니다

이제 다음 달이면 출산이에요. 처음 임신 사실을 알고 지금까지 엄마가 된다는 것에 대해 곰곰 생각해봤지만 저는 여전히 엄마가 된다는 현실이 부담스러워요. 누군가를 책임져야 한다는 게 두렵습니다. 사실 저는 아기를 예뻐하는 사람도 아니었던 것 같아요.
제가 엄마 노릇 잘할 수 있을까요?

— 블루 토마토 "

부족한 엄마가 좋은 엄마입니다

> 이십여 년이 지난 얘기입니다. 저를 비롯해 곧 초보 엄마가 될 여성들이 몇 차례 모임을 가진 적이 있습니다. 우리의 임신, 출산, 육아 경험을 책으로 내보자고 의견을 모은 임산부 대여섯 명의 모임이었습니다. 솔직히 고백하자면 그때 우리는 광고나 TV 드라마에서 흔히 보는 행복한 임산부가 아니었습니다. 기억하건대 대부분 걱정과 근심에 휩싸인 모습이었습니다.

"아이를 낳고 나면 아이에 매여서 활동이 너무 불편하겠지?"

"도대체 아이를 좋아하지도 않는 내가 왜 임신을 했을까?"

"부모로서 아이를 책임져야 한다는 사실이 너무 부담스러워."

그 당시, 새끼 거북이가 엄마 거북이와 연결되어 따라 움직이는 장난감이 한창 유행이었는데 그게 피할 수 없는 모성의 역할을 상징하는 것 같아서 우리를 얼마나 불편하게 하는지 모른다고 농담 반 진담 반으로 성토했던 기억도 있습니다.

사실 당연한 걱정입니다. 우리는 한편으로는 무엇이든 완벽하게 최선을 다하도록 교육받은 세대였고, 다른 한편으로는 누구의 엄마로 살기보다 개인적 성취를 더 중요시하는 부모의 기대 속에서 자란 세대였습니다. 그러니 이래저래 부모가 된다는 게 부담스러웠지요. 물론 그 부담감의 이면에는 부모로서의 자격이 부족할지도 모른다는 불안감, 자신감 부족 같은 게 숨어 있기도 했습니다.

지금도 많은 여성이 그런 불안을 느낍니다. 아이 키우기가 힘들다고 생각될 때마다, 때로 아이가 귀찮게 느껴질 때마다 내게 모성이 부족한 건 아닐까, 나에게 어떤 문제가 있는 건 아닐까, 하면서 말이지요. 나는 그런 엄마들에게 오히려 이런 칭찬을 해주고 싶습니다. "자신의 모성에 대해 회의할 줄 알다니 당신은 정말 완벽한 엄마입니다!"라고요.

자신의 모성에 대해 그런 성찰과 반성을 할 수 있다면 우선 자기를 조절할 수 있는 엄마가 될 것이 분명합니다. 자기를 되돌아볼 수 있다면 극단으로 가는 일은 피할 수 있으니까요. 뿐인가요. 자신의 부족한 모성애를 경험했다면 인간의 심리적 그늘, 그러니까 우리 마음의 어두운 측면에 대해서도 고민한 엄마일 것입니다. 그런 엄마라면 아이를 이해하는 폭도 그만큼 크겠지요. 그러니 얼마나 다행이고 훌륭한가요.

자, 이제 모성에 대해 꼭 알아야 할 것이 있습니다. 모성에는 참으로 다양한 모습이 있다는 것입니다. 헌신적이고 희생적이며, 어머니의 역할을 기꺼이 받아들이는 모성만 있는 것은 아닙니다. 그런 어머니만 아이를 잘 키우는 것도 아니고요.

고대 신화를 보면 어머니신은 창조의 신이면서 죽음의 신입니다.

자비와 자애의 신이면서 동시에 분노와 전쟁의 신입니다. 희생과 헌신의 신이면서 반대로 질투와 변덕의 신이기도 합니다. 그런 상반된 신의 성격은 모순이 아니라 필수불가결한 완전함의 요소입니다. 창조가 있다면 소멸도 있어야 하고, 자비와 자애가 있다면 그런 큰 사랑을 지키고 보호할 단호함과 분노도 가지고 있어야 합니다. 자신을 지키려는 이기성 없이 어떻게 아이를 키울 힘을 가질 수 있을까요? 희생과 헌신만 존재하는 어머니로부터 자식은 과연 독립이 가능할까요?

그래서 심리학자들은 아이가 한 개체로, 성인으로 성장해나가는 데 '나쁜 엄마' 역할이 꼭 필요하다고 말하기도 합니다. 예전 어머니들도 자주 이런 말씀을 하셨지요. "자식을 너무 공들여 키우면 안 된다"고요.

과거 원시부족은 부족의 성원이 일정한 나이가 되면 황야로 내보내 죽음 직전의 경험을 하게 하는 통과의례를 치른다지요. 아직 부모에게서 벗어나지 못한 의존적인 어린 자아는 죽고, 어른 자아로 거듭 태어나기를 기원하는 상징적인 의식이지요. 그 과정에서 누군가는 죽을 수도 있고 또 심리석인 충격과 상처를 입을 수도 있지만 그런 위험을 감수하고서도 통과의례가 필요했던 겁니다. 그만큼 어른으로서의 재탄생이 중요했기 때문이에요.

아드리엔느 리치는 《더 이상 어머니는 없다》에서 모성에 덧씌워진 완벽한 어머니상이 자연스럽지 못하고 억압적이라고 주장합니다. 그녀는 스무한 살이 된 아들에게 자신의 육아 일기를 보여줬습니다. 아들에 대한 사랑뿐 아니라 육아의 괴로움, 자책감으로 점철된 일기였지요. 그런데 그 아들이 한 이야기가 참 재미있습니다. "엄마는 우리를 항상 사랑해야만 한다고 느낀 것 같아요. 그렇지만 다른 사람을 매순간 사랑하게 되는 인간관계란 없어요."

누군가를, 비록 그가 자식일지라도 100% 사랑하기만 할 수는 없다는 것은 스무한 살짜리도 알고 있는 지극히 상식적인 생각인데, 엄마들은 자꾸 이 상식에서 벗어나려고 합니다. 아마도 어머니란 존재는 상식을 넘어선 존재라고 생각하는 것 같아요. 바로 그런 생각 때문에 짐스러워하고, 괴로워하면서도 말이지요.

뻔하고 교과서적인 이야기가 될지라도 저는 후배 엄마들에게 이렇게 얘기하고 싶습니다. 조금은 부족한 엄마가 되세요. 위대하고 완전한 엄마이기보다는 소박하고 인간적인 엄마가 되어주세요. 영원한 엄마가 되려 하지 말고 인간 대 인간으로 아이와 관계 맺으세요. 존경스러운 모습, 엄격한 모습뿐 아니라 미숙하고 실수 많은 모습도 보여주세요. 그것이 바로 인간적인 엄마입니다. 그래야 아이는 엄마로부터 거리를 둘 수 있게 되고, 결국 엄마를 성공적으로 극복해서 진정한 어른이 될 수 있답니다. 부모는 자식이 극복해야 하는 존재이지, 영원히 숭배하는 대상이 아닙니다.

지금 여러분이 인간적인 엄마라면 여러분은 이미 훌륭한 엄마입니다. 명심하세요. 조금 부족한 모성, 부족한 엄마가 가장 훌륭한 엄마라는 사실을. 그러니 가슴을 활짝 펴십시오. 훌륭한 엄마의 또 다른 요건이 있다면 그건 당당함이랍니다.

"
2

제가 엄마 자격은
있는 걸까요?

임신 3개월차 쌍둥이 예비맘입니다. 결혼 3년차지만 계획 임신이 아니에요. 사실 전 아기를 싫어해요. 아이 싫어하는 사람도 자기 아이가 생기면 달라진다는데, 저는 아닌가 봐요.

물론 불임으로 고생하는 분들에겐 배부른 투정으로 들리겠죠. 하지만 남편과 해외로 휴가도 떠나고 나름 자신을 가꾸면서 재미있게 살았는데 아이를 갖자마자 이거 하지 마라, 가지 마라, 먹지 마라 제약이 너무 많네요. 주변 어른들의 축하를 받는 것도 싫고 앞으로 어떻게 해야 하나, 이런 제가 엄마로서의 자격은 있는 건가 답답하기만 합니다.

— 핑크릴리 "

엄마는 태어나는 것이 아니라
만들어집니다

> 결혼하지 않고 부부만의 삶을 즐기겠다고 생각하는 건 어쩌면 요즘 젊은 남녀의 꿈인지도 모르겠습니다. 핑크릴리 님도 남편과 나름 자유롭고 행복하게 살아왔는데, 계획에 없던 임신 때문에 여러 가지로 걱정이 많은가 봐요. 아이를 갖게 되면 자기 중심으로 살아가던 삶에서 많은 부분을 포기해야 하니 당연히 상실감도 큽니다. 게다가 쌍둥이라니 육아가 얼마나 고될까, 생활은 얼마나 제약이 많을까 정말 두렵고 걱정될 거예요.

정신건강의학과 전문의 정우열은 《엄마만 느끼는 육아 감정》에서 연애 중인 남녀나 아직 아이가 없는 부부가 느끼는 '끈끈한 유대감과 행복감'에 대해 이야기합니다. 인간은 성인이 되어서도 유아기적 의존 욕구가 있다고 합니다. 아이가 태어나지 않았을 때는 자신의 유아기적 욕구를 서로에게서 채우며 나름 행복한 부부 관계를 유지할 수 있는데요. 부부에게 진짜 유아기의 욕구를 채워줄 존재가 생기지요. 그게 바로 첫 아이랍니다. 이때 부부는 유아기적 욕구 충족의 즐거움을 포기해야 하니 상실감에 빠지기도 한다는군요.

이와 비슷한 주장이 또 있습니다. 《좋은 엄마는 만들어진다》에서 다니엘 스턴과 나디아 스턴은 독점성의 상실을 이야기하지요. 아이가 태어나 부부 중심의 배타적 독점 관계가 깨지면 부부는 일정 기간 상실감을 느낄 수 있다는 거예요. 물론 아이가 포함된 새로운 관계가 나쁘지 않다는 걸 알게 되면 건강한 새 균형이 만들어지지만요.

포기해야 하는 것이 유아기적 욕구나 독점성뿐이겠습니까? 많은 여성이 임신과 함께 자신의 몸매를 포기해야 하고, 심지어는 행복 추구권마저 포기해야 한다고 생각합니다. 결혼을 해서도 임신 전에는 곧잘 아가씨라는 말을 듣곤 했는데 아이를 낳고 나서는 '애기 엄마' 또는 '아줌마'라는 소리를 듣는 것도 참 우울한 일이지요.

여성이 엄마가 되는 정체성의 변화는 굉장히 큰 사건입니다. 아이가 태어나고도 하루의 반 이상을 과거와 다름없이 회사에서 직장인으로 살고 있는 남성과 달리 여성은 임신과 함께 신체적 변화를 경험하면서 자신이 엄마가 되고 있음을 24시간 경험합니다.

입덧, 불러오는 배, 커지는 젖가슴은 그리 유쾌한 경험이 아닐 거예요. 게다가 우리나라처럼 엄마를 존중하지 않는 문화권에서는 여성이 느끼는 엄마로서의 미래가 그리 희망적일 리 없습니다.

요즘 엄마들은 아이를 낳고 기르는 일을 과거보다 더 힘들어하는 것 같아요. 왜냐하면 어릴 때부터 남자들과 차별 없이 개인적인 인생을 즐기도록, 그리고 사회적인 성공을 이루도록 교육받았거든요. 태어나서 20~30년을 오로지 자신의 인생만 생각하며 살았는데, 갑자기 아이가 태어나 내 시간을 빼앗아가고, 내 수고를 당당하게 요구하고, 나의 고통이나 감정 따위는 아랑곳하지 않는 거예요. 그래서 초보맘 시기에는 살아 있던 내 자아, 내 고집, 내 자부심, 나의 취향을 포기하느라 안간힘을 씁니다. 아이에게 최선을 다하면서도 분하고, 억울하고, 가끔 손해 보는 것 같은 기분에 시달리면서요.

옛날 어머니들은 젊은 엄마들에게 "너희는 애들 거저 키우는 거다"라고 얘기하지만 그건 달라진 현실을 잘 모르고 하는 말씀입니다. 요즘 엄마들에겐 엄마라는 정체성을 받아들이기 위한 자신과의 싸움이 만만치 않거든요. 그래서 산후우울증이 더 심해지는지도 모릅니다. 수없이 많은 날을 전전긍긍하면서 남모르게 눈물을 훔치며 엄마임을 받아들이려고 애쓰면서요. 그렇게 서서히 엄마가 되어갑니다.

그런데 핑크릴리 님처럼 육아에 대해 유난히 불편감과 저항감을 느낀다면 기존의 이유 말고 또 다른 이유가 있는지 생각해보는 것이 좋겠네요. 혹시 부모 자식 관계에 대한, 더 구체적으로는 모성에 대한 부정적인 생각을 갖고 있지는 않은지요? 많은 여성이 자신의 어머니에 대한 부정적인 생각 때문에 아이 갖기를 원하지 않거나 두려워합니다. 자신의 모성애도 믿을 수 없다고 생각하기 때문이죠.

또는 지나친 완벽주의 성향이 있어서 자신도 모르게 육아의 책임감을 과중하게 받아들이고 있는 건 아닌지 돌아볼 필요도 있습니다. 모성애가 너무 강한 여성, 완벽한 엄마상을 가지고 있는 여성 중에서 의외로 아이 낳기를 두려워하는 사람들이 있습니다. 막중한 책임감 때문에 느끼게 되는 부담감과 두려움을 모성애 부족으로 오해하면서요.

임산부가 조심해야 할 목록에 대해 주위 사람들이 하는 말이 유난히 신경 쓰이고 거슬린다면 당신은 은근히 세심하고 완벽주의 기질이 있다고 할 수 있습니다. 임신에 대해서도 그렇습니다. 임신을 했다면 엄마로서 당연히 기쁘고 행복해야 하는데, 자신은 그렇지 못하다는 게 불안한 거지요.

나만의 삶을 중시했던 여성들이 내면에 강한 모성애를 가지고 있다면 육아는 무척 어렵고 혼란스러운 일이 됩니다. 너무 복잡해져서 임신하기 전으로 도망치고 싶은 마음이 굴뚝같아지고요. 그럴 때는 엄마가 될 준비가 부족하다고 자책하지 말고 그런 자신을 그냥 내버려두세요. 나는 엄마가 되는 데 긴 호흡이 필요한 사람인가 보다 생각하세요.

실제로 많은 전문가들이 모성 심리는 한순간에 생기는 게 아니라고 말합니다. 《좋은 엄마는 만들어진다》에서 "모성은 극적이고 결정적인 한순간에 형성되는 것이 아니라 아기가 태어나기 전부터 태어난 후 수개월에 걸친 노력이 쌓여 섬진적으로 형성되는 것"이라고 이야기합니다. 모성이 완성되는 데 어디 수개월뿐이겠습니까. 둘째를 낳고서야 비로소 아이가 사랑스럽다고 느끼는 엄마도 참 많으니까요. 아니, 자식이 다 성장하고 난 뒤에야, 손주를 보고난 뒤에야 자신의 과거 부모 노릇을 후회하고 안타까워하는 경우는 또 얼마나 많은지요. 단언하지만 임신하자마자 모성애가 생기고, 엄마 될 준비를 자연스럽게 받아들이게 되는 경우는 많지 않습니다.

낳은 정이 강한 여성도 있고, 반대로 기른 정이 월등한 여성도 있답니다. "임신해서는 잘 몰랐는데, 아이 낳아 의무감에 기르다 보니 어느새 아이가 사랑스러워지더라"고 말하는 엄마들이 참 많거든요. 엄마도 타고나는 것이 아니라 만들어지는 거죠. 만들어지는 데는 어느 정도의 시간이 필요합니다. 그러니 지레 걱정하느라 우울해하지 말고, 지금 이 순간을 충분히 즐기세요. 출산 전까지 자유로움을 만끽하면서 말이지요.

또 하나, 아이를 기르면 자기 자신을 잃게 된다는 생각도 편견일 수 있습니다. 엄마 경험을 통해 여성은 훨씬 성숙하고 시야가 넓어지기 때문입니다. 핑크릴리 님은 알게 될 겁니다. 아이가 엄마의 안테나가 되어 엄마가 가보지 않은 세상, 엄마가 하지 않았던 경험을 엄마에게 전해준다는 사실을요.

이제 곧 엄마가 될, 그리고 엄마의 역할을 기꺼이 받아들인 세상의 모든 여성에게 따뜻한 격려의 마음을 보냅니다.

"
3

출산 후 제 인생이
사라져버린 것 같아요

아이를 낳은 지 이제 막 한 달 반이 되었어요. 아기가 너무 예쁘고 엄마가 되어 뿌듯하지만 앞으로 꼬박 1~2년 아니 3~4년을 이렇게 아이에게 매달려 있을 생각을 하니 막막하기만 해요. 나만을 위한 시간은 하나도 없고… 당분간은 계속 그렇겠죠?
얼마 전에는 집에서 아가랑만 있는 게 너무 갑갑해서 남편과 커피 한 잔 마시며 데이트를 했어요. 기분 전환이 되긴 했지만, 앞으로 한동안은 이런 평범한 자유를 누리는 것도 쉽지 않겠다 생각하니 갑갑해지더군요. 그런데 아이러니하게도 모처럼 시간을 만들어 감행한 데이트였는데 계속 아이가 눈에 아른거려 나온 지 얼마 되지도 않아 집으로 달려갔다는 거예요. 아기가 칭얼대고 있을 것 같고, 젖을 빨리 물려야 할 것 같고, 단 한 시간도 편하게 앉아 있지 못하겠더라고요. 세상 모든 엄마는 정말 위대한 것 같아요. 저도 그 엄마 대열에 합류하긴 했는데, 아직은 막막합니다. 어떻게 하면 좀 더 슬기롭게 이 막중한 임무를 잘 수행할 수 있을까요?

— 연필나무 "

부모는 아이를 키우면서
진짜 어른이 됩니다

> 초보 엄마! 첫째 아이를 낳아 첫돌까지 아이 키우기에 전전긍긍, 노심초사하는 엄마들을 저는 초보 엄마, '초보맘'이라고 부릅니다. 아이가 사랑스럽긴 하지만 모든 것이 막막하고 불안하기만 한 초보맘 시절. 이제 막 초보맘이 된 연필나무 님에게 선배 엄마인 제가 아주 중요하게 여기는 몇 가지 당부를 하려고 합니다.

먼저, '아이는 희생을 요구하는 존재'라는 고정관념을 갖고 계셨다면 과감하게 버리세요. 부모의 노고 이상으로 아이는 아주 귀한 선물을 부모에게 안겨주는 존재랍니다. 그 선물 보따리에는 많은 것이 들어 있지요. 천진무구한 아기를 보면서 부모가 마음을 정화시키고 사랑의 감정을 느낄 수 있다는 건 아기가 주는 가장 큰 선물일 겁니다. 그런데 저는 그보다 아이들이 보여주는 부모에 대한 사랑을 얘기하고 싶네요.

아기가 부모에게 주는 사랑과 신뢰는 세상 그 무엇과도 비교할 수 없을 정도로 큽니다. 아기는 부모가 아무리 미숙해도, 실수를 반복해도 끊임없이 믿어주고 사랑해줍니다. 부모를 편견 없이 있는 그대로 사랑해주는 겁니다. 누가 부모님의 사랑이 가장 위대하다 했나요? 개인적으로 저는 아이들에게서 받은 사랑을 통해 나 자신을 인정할 수 있게 되고, 마음의 깊은 상처도 치유할 수 있었습니다.

《심리학에서 육아의 답을 찾다》를 쓴 임상심리학자 토니 험프리스도 비슷한 주장을 합니다. 그는 아기는 사랑을 받아야 하는 존재이지만 사랑을 주고 싶어 하는 존재이기도 하다고 말합니다. 그런데 엄마가 사랑을 받아들이지 못하고 주기만 할 때, 아기는 엄마에게 사랑을 표현하는 일을 멈춥니다. 사실 대부분의 여성이 사랑을 베푸는 데는 능숙한데 받아들이는 것은 어려워하지요. 연필나무 님은 아기가 주는 사랑을 충분히 느끼고 누리기 바랍니다.

아이가 부모에게 주는 또 다른 선물은 부모의 성숙입니다. 육아는 아이를 키우는 과정이지만 이 기간에 엄마와 아빠도 비약적으로 성장합니다. 물론 육아 과정에서 겪게 되는 문제들을 성실하게 풀어나가는 경우에만 그렇지요.

성인이 되어 신체적 성장이 완성되고 난 후에도 정신적 성숙과 완성을 향한 과정은 계속됩니다. 그리고 그 성장의 기회가 육아 과정에서도 주어집니다. 먼저 부모는 아이의 성장에 따라 의도치 않게 자신의 과거를 다시 한 번 살게 되는 경험을 하는데요. 아이와 같은 연령대의 과거 자신을 계속 떠올리게 되기 때문입니다. 《엄마만 느끼는 육아 감정》에서도 같은 이야기를 하고 있습니다. 아이를 키우다 보면 어린 시절 잊고 지냈던 감정과 상처가 떠오른다는 것이지요.

그럴 때 엄마들은 묻어두었던 부모에 대한 원망을 다시 느끼고, 이유 없이 아이에게 폭발적으로 화를 낸다든지 불안을 경험합니다. 때로는 그 시절 자신과는 전혀 다른 환경에서 걱정 없이 사는 아이를 질투하기도 하고, 어린 시절 자신이 처했던 환경을 아이에게 반복하기도 합니다. 예컨대, 자신이 어린 나이에 부모와 떨어져 살았다면 그 시기의 아이를 자꾸 홀로 남겨두는 식으로 말이지요. 물론 부모는 모릅니다. 자식에게 자신이 왜 그렇게 하는지, 왜 그런 감정을 느끼는지 말입니다.

어린 시절 상처를 다시 떠올리는 것은 분명 고통스러운 일입니다. 그렇지만 다른 한편으로는 부모가 성장할 수 있는 아주 좋은 기회라는 것을 반복해서 강조하고 싶어요. 이처럼 육아 과정에서 우리는 내면에 밀쳐두었던 마음의 문제를 꺼내 치유할 수 있는 기회를 갖게 됩니다.

아이와의 관계를 통해 자신이 어떤 사람인지도 알게 되지요. 아이와 같은 점은 무엇이고 다른 점은 무엇인지, 자신이 무엇을 좋아하고 싫어하는지, 어떤 성격 유형인지, 세상을 보는 방식은 어떤지 등등을 아이라는 거울을 통해 알게 됩니다. 자신을 제대로 아는 것은 이 세상을 살아가는 데 참 중요합니다. 자신을 앎으로써 삶의 방향성이 생기고, 또 상대도 제대로 이해하게 되니까요.

이처럼 아이는 엄마와 아빠가 정신적으로 성숙할 수 있도록 돕는 존재입니다. 육아를 통해서 우리는 끊임없이 자신의 내면을 들여다보게 되는 데다, 아이의 보호자로서 나날이 강인해집니다. 비로소 온전한 어른이 되는 거지요. 그러니 아이는 부모의 성장에 매우 훌륭한 동반자입니다. 그 동반자와 함께, 자신의 삶을 좀 더 풍요롭게 할 수 있는 좋은 기회를 얻었다고 생각하고 기뻐하세요. 그러면 아이를 대하는 태도가 달라지고 마음도 가벼워질 거예요.

마지막으로, 아기가 가진 강한 생명력을 믿어주세요. 초보 엄마들은 대부분 지나치게 긴장해 있습니다. 아이가 운다고, 변의 색깔이 노랗지 않다고, 배탈이 나거나 감기가 들었다고, 먹거리가 건강하지 않다고 쩔쩔매다 보면 몸도 마음도 쉽게 지칩니다. 하지만 이 세상 모든 존재가 가진 생명력은 생각보다 나약하지 않습니다. 아이는 질병이라는 과정을 거쳐 예전보다 더 강해지고 똘똘해질 거예요. 그러니 아이의 힘을 믿고 느긋하고 대범하게 그 기간을 보내기 바랍니다.

아이는 엄마에게 고통이 아니라 기쁨과 진정한 사랑을 주려고 온 존재이니 긴장을 풀고 그 선물을 즐겨라. 책임감 때문에 긴장하지 말고, 아이와 함께 이 순간을 즐겨라. 또한 아이를 키우는 시기는 부모도 정신적으로 성장하는 시기라는 사실을 명심하라. 육아 과정에서 경험하는 심리적 어려움을 회피하지 말고 성찰의 기회로 삼아라.

이것이 제가 초보맘들에게 하고 싶은 이야기입니다. 그런 마음가짐이 단단하게 되어 있다면 육아라는 막중한 임무를 보다 슬기롭게 해결해나갈 수 있을 겁니다.

"
4

마흔둘의 임신,
출산이 다가올수록 걱정이 태산입니다

마흔둘에 아이를 가졌어요. 늦은 결혼이라 특별히 임신을 계획하지는 않았습니다. 그러다 보니 임신 내내 마음 한 켠이 늘 무거웠는데, 아이를 낳을 때가 다가올수록 걱정이 커지네요. 아이가 스무 살도 안 되었는데 내 나이가 환갑이겠구나 남편은 환갑을 훌쩍 넘을 텐데 싶으니 답답한 마음만 들어요.

— 으뜸맘 "

엄마가 되는 불안,
그 뿌리를 찾아보세요

> 인생을 내 마음대로, 내가 계획한 대로 살 수 있다면 얼마나 좋을까요. 하지만 삶은 번번이 우리를 배반하고 뒤통수를 칩니다. 특히 그것이 결혼이나 임신처럼 중요하고 큰 문제라면 더욱 난감하겠지요. 그러나 나이 들어 좋은 점이 있다면 이런 뜻하지 않은 사건에 너무 놀라지 않게 된다는 겁니다. 인생은 으레 예기치 않은 곳으로 흘러간다는 사실을 터득하기 때문이지요.

우리가 경험하는 어려움 중에는 걱정하고 생각을 발동시켜 해결할 수 있는 문제가 있고, 아무리 고민해도 해결할 수 없는 문제가 있지요. 으뜸맘 님은 후자의 상황에 처한 것 같네요. 그럴 때 막연한 고민에 사로잡혀 우울해하는 건 아무런 도움이 되지 않는답니다. 우울지수만 점점 더 높아질 뿐이니까요. 그러니 생각을 바꾸어 '내가 하고 있는 걱정이 과연 타당한가?' 하고 스스로에게 물어보세요.

솔직히 말씀드리자면 저는 으뜸맘 님의 걱정이 과거 세대의 사고방식처럼 조금 고루해 보입니다. 마흔둘에 아이를 낳는 게 왜 그토록 걱정스럽고, 답답한 일인가요? 늦은 나이에 아이를 가진 건 어쩌면 굉장히 신나는 일일 수도 있습니다. 마흔 넘어서까지 자유로운 인생을 즐겼으니 이제 아이의 사랑스러움을 느껴보는 것도 좋은 일입니다.

환갑에 아이가 스무 살도 안 된다 하셨는데, 인간의 평균수명이 80세에서 100세로 연장되고 있는 요즘 그게 그렇게 문제가 될까요? 게다가 요즘은 늦은 결혼과 늦은 출산이 대세여서 으뜸맘 님의 사례가 그리 유난스러워 보이지도 않는답니다. 특히 늦둥이를 낳은 엄마들은 젊어 보이기 위해 노력하기 때문에 건강한 동안 외모를 지닌 경우도 많고요.

자신의 걱정이 타당한지 물은 뒤엔 내 걱정의 뿌리가 무엇이었는지 찾아보세요. 우리는 대부분 막연하게 걱정하고, 그 걱정에 빠져 살고 있지만 자세히 들여다보면 걱정도 아주 내용이 다양합니다. 뭘 걱정하고 있는지 정확히 알아야 그에 따른 구체적이고 현실적인 해결책도 찾을 수 있지요.

임신이 자유롭게 살고자 했던 생의 계획을 무산시켰다고 생각하나요? 아니면 고령 출산으로 인한 산모와 아이의 건강을 걱정하는 건가요? 늦은 나이에 아이를 낳았다고 사람들이 이상한 눈초리로 쳐다볼 것이 걱정되나요? 혹시 아이가 성인이 될 때까지 경제적으로 충분히 지원해주지 못할까 봐 안타까운가요?

첫 번째 고민이라면 변화무쌍한 삶을 있는 그대로 받아들이는 마음의 태도, 그리고 아이와 함께 자신의 삶을 즐겁게 꾸리는 방법에 대해 고민해야 합니다. 두 번째라면 출산 때까지 건강 관리에 집중해야 하지만 실제로 문제가 생길 확률은 그리 많지 않습니다. 세 번째 걱정에 대해서는 요즘 만혼과 늦은 임신이 대세라는 사실을 인식하고, 그들이 어떤 마음가짐으로 살고 있는지 주위 사람들에게, 그리고 인터넷을 통해 자문을 구해볼 수도 있습니다. 요즘은 당사자가 만족하면 주위에서도 당연하게 받아들입니다. 그만큼 사람들의 사는 방식이 다양해졌기 때문이지요. 마지막 걱정은 고령 부모들만 갖고 있는 건 아닐 거예요. 경제 위기는 요즘 전 세대, 전 연령에 걸친 문제라서 자식에 대한 장기적인 지원이 누구라도 쉽지 않지요.

이렇게 구체적으로 생각해봐도 걱정의 실체가 잘 잡히지 않을 수 있습니다. 그럴 때는 좀 더 근본적인 문제에 대해 생각해봐야 합니다. 이를테면 부부 관계나 자신의 인생 전반에 대해 불만을 느끼고 있는 건 아닌지, 이미 오래전부터 자꾸 우울해지는 사고 습관이 있었던 건 아닌지 말입니다. 부부 관계나 자신의 삶에서 어떤 좌절감을 경험했다면, 혹은 나는 되는 일이 없어, 뭘 한다고 잘되겠어, 이런 생각을 자주 한다면 임신을 기뻐할 수 없습니다.

혹시 임신 후 갑자기 우울해졌다면 그건 임신에 따른 우울증일 수도 있습니다. 임신우울증은 임신 기간 겪게 되는 우울증인데, 감정 기복이 심해진다거나 불안감이 높아지고, 미래에 대한 생각이 부정적으로 바뀌고, 의욕이 없어지고, 임신한 사실이 부끄럽고 자신감이 없어지는 등의 증상을 보입니다.

이런 임신우울증은 산후우울증으로 이어질 수 있으니 조심해야 합니다. 《아기와 함께 찾아온 눈물》의 저자 아리엘 달펜은 임신기 불안 증세나 우울증을 앓았던 여성이 산후우울증을 앓을 확률은 50%나 되기 때문에 이에 적극적으로 대처해야 한다고 이야기합니다. 그 무엇이든 당신의 심리적인 문제를 적극적으로 돌아보고, 필요하다면 상담을 받아볼 필요도 있습니다. 임신에 대한 우울한 생각은 출산 직후에도 계속될 뿐 아니라 아이를 키우는 과정 내내 당신과 아이를 괴롭힐 수 있기 때문입니다. 사실 나이 들어 보이는 엄마란 신체 나이가 많은 엄마가 아니라 늘 우울하고 사람들의 시선을 의식하며 자주 움츠러드는 엄마일 거예요.

불안의 뿌리에 대해 돌아봤다면 그다음엔 어떻게 하면 즐거운 마음을 가질 수 있는지 생각해보세요. 남편과 이런 걱정에 대해 자주 대화를 나누고, 가까운 친구들을 만나 위로받으세요. 또 비슷한 경험을 가진 선배 엄마가 있다면 그의 이야기에 귀 기울이는 것도 좋고요.

장담하건대 늦은 나이에 아이를 만난 것이 더욱 축복이었다는 사실을 나중에 꼭 알게 될 겁니다. 그때까지 밀려오는 걱정을 잠시 밀쳐두고 으뜸맘 님을 즐겁게 하는 일을 찾아보세요.

"
5

자유로운 미혼 친구들이 부럽기도,
때론 서운하기도 해요

처녀 시절에도, 결혼해서도 활동적인 성격 탓에 폭넓은 인간관계와 행동 반경을 자랑했는데 출산 이후 완전히 달라졌어요. 미혼 친구들이 자유롭게 여행 다니고, 맛난 거 먹으러 다니는 모습을 보면 부럽기도 하고 상대적으로 스트레스를 받게 되네요.

친구들은 언제든 아기 데리고 나오라고 하지만 이제 막 18개월 된 아들 녀석을 데리고 갈 수 있는 장소는 한정적이고 눈치도 보여요. 그렇다고 친정 엄마한테 아이를 맡기고 친구들 만나자니 엄마한테 미안해지고요.

모처럼 술 약속을 잡아 친구들을 만날 때면, 친구들은 아기 엄마인 저를 배려한다며 "일찍 들어가야 하는 거 아냐?" 하며 서둘러 돌려보내려고 합니다. 그럴 때면 괜히 따돌림 당하는 기분이 들어요.

— 지원맘 경진 "

육아가 새로운 관계를
만들어줍니다

▶ 지원맘 경진 님이 쓰신 글의 마지막 부분을 읽으니, 너무 속상해서 글을 쓰다 멈춰버린 것 같네요. 왕년엔 친구도 많고 잘 나갔는데, 자유로운 영혼이었는데, 술자리의 화려한 주인공이었는데 엄마가 되고 보니 그 즐거움이 더 이상 내 것이 아니게 된 거지요. 그 심정 충분히 이해됩니다.

사실 친구들 사이에서 아이 엄마는 신경 쓰이고 불편한 존재입니다. 아이를 데리고 나가면 모임이 어수선해지기 쉽고, 또 결혼한 여성들과 싱글인 여성들 간에는 대화의 주제도 서로 다르니까요.

인간관계를 만들고 유지하는 걸 유난히 즐거워하던 분들은 특히 안타까울 거예요. 내가 없어도 모임은 아무 문제없이 유지되고, 이런저런 모임도 왠지 나를 필요로 하지 않는 것 같다는 생각이 들면 쓸쓸함을 넘어서 서러움과 두려움을 동반한 감정을 느끼게 됩니다. 사람들에게 잊힌다는 것은 자신의 존재 자체가 지워지는 것, 소멸되는 것과 같은 느낌일 테니까요.

존재의 소멸이나 멸절에 대한 두려움은 아주 근원적인 두려움입니다. 세 살 이전 아이들의 심리를 연구한 멜라니 클라인은 생후 3~4개월의 아이에게 이미 자아가 박탈되거나 멸절할 것에 대한 불안이 나타난다고 설명합니다. 굳이 그의 이야기가 아닐지라도 모든 존재는 죽음에 대한 공포가 있습니다.

우리는 성인이 되어서도 이 문제에서 완전히 벗어나지 못합니다. 이쯤에서 지원맘 경진 님에게 묻고 싶어요. 글 서두에 '폭넓은 인간관계와 행동 반경을 자랑했다'고 자신을 소개했는데 그 폭넓은 인간관계를 유지하기 위한 경진 님의 노력이 혹시 즐거움에 기반한 것이 아니라 절박함이나 단절에 대한 두려움에 뿌리를 두고 있는 것은 아니었는지 말입니다.

외향적인 이들은 관심과 생각의 방향이 밖으로 향해 있다 보니 인간관계를 매우 중요시하고, 모임과 만남이 삶에 활력을 주는 중요한 요소가 되지요. 따라서 관계가 소원해지고 소외되는 걸 견딜 수 없어 합니다. 자신이 가치 없게 느껴지거든요. 그럴 때 자신의 존재가 소멸되거니 멸절되는 것과 유사한 두려움이나 불안을 느끼기도 합니다.

그런데 어쩌지요? 시간이 흐를수록 관계는 더 멀어집니다. 출산 전에 만들어진 거의 모든 또래 모임이 육아기에 해체된답니다. 조만간 친구들 대부분 아이를 갖게 될 것이고 그러면 그들도 술자리에서 모이는 일이 더 어려워지겠지요. 대한민국에서 육아기는 여성에게 기나긴 동면의 기간입니다. 안타깝지만 그게 현실이지요.

어떻게든 그 단절과 맞닥뜨려야 하고 결국은 극복해야 합니다. 그

것은 자신이 좋아하던 사람들로부터 잠시 잊히는 체험입니다. 화려했던 관계를 거두어들이고, 내가 나를 바라보는 시간을 갖기 위해서요. 그러면 알게 될 것입니다. 아, 내가 인간관계를 만들지 않고도 살 수 있구나. 여행을 가지 않아도, 술자리에서 회포를 풀지 않고도 살아가는 삶이 있구나 하는 것을요. 어쩌면 감정이 좀 더 차분해져서 평안함을 느끼게 될 수도 있어요.

그렇다고 해서 엄마를 위한 바깥출입을 모두 삼가라는 뜻은 아닙니다. 운동을 하거나 문화생활을 즐기기 위해서 아이와 떨어져 있는 시간을 가져야 합니다. 일주일에 두세 번, 한 번에 반나절씩만이라도 육아 노동에서 벗어나 성인들과 교류하고 건강을 챙기는 일이 꼭 필요합니다. 그렇게 정기적으로 기분을 환기시켜야 아이와 즐겁게 시간을 보낼 수 있습니다.

그러나 엄마가 된 현실을 우울하게 만드는 인간관계는 당분간 피하세요. 미혼의 삶이 더 화려하고 좋은 거라 생각하면서 그 시절을 부러워하고, 그 동아리에서 벗어나지 않으려고 애쓰는 것은 어찌 보면 피터팬신드롬일 수 있습니다. 늙음이나 아저씨, 아줌마가 되는 것을 비하하고 변화를 두려워하는 것 말이지요. 그러나 변화하지 않는다면 삶은 정체될 것이고, 또 영속하는 것은 지루하기 마련입니다.

희망적인 것은 육아 과정을 지나면서 그 시기에 맞는 관계를 새롭게 만들게 된다는 점입니다. 육아 과정에서, 또 지역 공동체에서 비슷한 관심사를 가진 이들과 만나게 될 테니까요. 또 과거 친구들이 아이를 낳으면 그들과도 다시 새로운 관계를 형성하게 된답니다. 그리하여 관계는 좀 더 진지해지고 깊어지겠지요. 그러니 너무 낙담하고 걱정하지 마세요.

"
6

아이를 낳은 뒤에
우울한 마음이 가시질 않아요

이제 4개월 정도 된 아이를 키우고 있어요. 나이가 들어 아이를 낳아서인지 지금까지도 몸 상태가 좋지 않아요. 남들은 한 달 정도 지나면 일상생활을 하던데, 저는 오히려 우울해지더라고요. 할 일은 쌓여 있고, 아이는 계속 울고, 몸은 맘대로 안 움직여지고….

자상한 남편이 옆에 있지만, 아이 낳은 뒤 지금까지 행복하다는 느낌이 안 들어요. 주위에 도와줄 어른이 없어서인지 아이 돌보는 일이 생각보다 너무 힘들고, 아이가 예쁘다는 생각도 별로 안 들어요. 모성애는 나중에 생길 수도 있을까요? 저도 남들처럼 아이가 예뻐서 물고 빨고 하는 날이 올까요?

- 밍키맘 "

슬픔에 저항하지 말고
실컷 울어보세요

> 밍키맘 님, 산후우울증을 겪고 있나 봐요. 엄마들이 겪는 우울증은 다양한 시기에 걸쳐 일어납니다. 임신 중 우울증부터 시작해서 출산 직후에 경험하는 산후우울증, 그리고 양육의 전 과정에서 경험하는 양육우울증까지 다양하지요. 또 이와 증상이 유사한 산후불안장애, 베이비 블루(출산 직후 대부분의 엄마들이 경험하는 강도가 낮은 부정적 감정) 등도 있습니다.

산후우울증은 주로 출산 직후부터 1년 사이에 발생한다고 합니다. 밍키맘 님도 아이가 4개월이라고 했으니 이 기간에 해당하네요. 모성의 우울증을 다룬 책 《아이와 함께 찾아온 눈물》에서는 산후우울증의 증세를 다음과 같이 정리합니다. 불면증에 시달리거나 한없이 잠이 오는 증상, 기진맥진할 정도의 피로감, 너무 많이 먹거나 식욕을 느끼지 못하는 증상, 여러 날 동안 지속되는 강렬한 슬픔, 끊임없는 걱정과 불안, 죄책감 등이 그것입니다. 심각해지면 아이에게 아무런 감정을 느끼지 못한다거나 아이를 해치고 싶다는 생각까지 하게 되고요.

사람들은 산후우울증에 대해 아이를 낳은 엄마라면 누구나 경험하는 가벼운 감기 정도로 알고 있지만 사실 출산 후 여성 중에서 15~20%만이 우울증을 경험하고 있고, 더 심각해질 수도 있기 때문에 우울한 상태를 예의주시해야 합니다. 시간이 흘러도 우울한 감정이 나아지지 않는다면 병원을 찾아서 상담해보는 것도 필요합니다.

특별히 산후우울증이 아니더라도 출산을 경험한 여성의 심리는 참으로 복잡하고 불안한 상태입니다. 임산부 여성은 일종의 정체성의 변화를 겪으면서 몸과 마음이 무척 예민해지기 때문이에요.

개인적으로 저는 여성의 산후우울증이나 육아우울증에 사회적 책임이 무척 크다고 생각합니다. 우리 사회는 출산율 저조를 걱정하지만 여성이 아이를 낳고 싶게 만드는 정책을 마련하거나 사회적인 분위기는 조성하지 않고 있지요.

《엄마는 미친 짓이다》의 저자 주디스 워너는 프랑스의 이상적인 육아 지원 시스템을 체험적으로 보고합니다. 그녀가 그곳에서 첫째 아이를 낳았기 때문이지요. 그녀의 경험에 의하면 프랑스에는 정부 정책이나 지원 서비스는 말할 것도 없고, 엄마들을 물심양면으로 지원하고 도와주는 비공식적 네트워크가 존재합니다. 아이를 낳자마자 조산원이 찾아와서 우울증에 걸린 저자를 위로해주고, 약국에 가면 요구하지 않아도 약사가 수유 패드를 챙겨주며, 전화만 하면 왕진을 오는 의사 네트워크도 있었다네요. 또 소아과 의사도, 학교 교장 선생님도 아이가 있는 엄마의 형편을 배려해 웬만한 일은 전화로 상담할 수 있게 해주었고요. 무엇보다 프랑스에서는 엄마들이 탁아에 대해 죄책감을 느끼지 않는다고 합니다. 국가의 지원을 받아서 누구나 개인 탁아모를 둘 수 있고, 저렴한 가격에 훌륭한 시설을 갖춘 탁아시설이 있기 때문에 엄마들은 탁아를 아주 당연하게 여깁니다. 엄마가 혼자 아이를 돌보는 것보다 놀이기구가 있는 어린이집에 아이를 맡기는 게 더 좋은 선택이라고 생각하기 때문이지요.

주디스 워너는 이야기합니다. 아이 돌보는 엄마를 든든하게 도와주는 사회에서는 엄마가 자신의 존재를 안전하게 느끼며, 훨씬 덜 불안해하고, 훨씬 더 자유롭다고 말이지요. 또 그런 곳에서는 엄마들이 슈퍼맘이 되고자 하는 오만한 완벽주의를 버리고, 인간적인 엄마가 될 수 있다는 것입니다.

정말 그렇겠지요. 그런 환경에서 살아간다면 엄마들은 편안한 마음으로 태어날 아이를 기다릴 것이고, 한결 너그럽게 아이를 돌볼 수 있겠지요. 우리가 개인의 생리적이거나 유전적 원인 때문이라고 여기는 산후우울증도 훨씬 증상이 약화될 것입니다. 산후우울증을 자신의 개인적인 문제로 받아들이고 외롭게 증상과 싸우고 있는 밍키맘 님, 당신이 괴로워하는 이유가 당신 탓이 아니라고 위로해드리고 싶네요.

최소한 산모를 따뜻하게 보살펴줄 성숙한 어른들이라도 있었으면 좋겠습니다. 산모의 두려움과 외로움을 이해하고 위로해주고, 건강을 보살펴주며, 아기를 능숙하고 여유 있게 돌봐줄 나이 든 여성 말입니다. 어른이 없어서 힘들다고 하는 걸 보니 밍키맘 님에게는 그렇게 보살펴줄 어른이 더욱 필요한 듯합니다.

많이 긴장되고 불안했지요? 그럴 땐 마음껏 외로워하고, 또 속 시원히 울어보세요. 슬픔에 저항하지 않고 받아들이면 그때부터 치유가 시작될 겁니다. 그때까지 남편을 비롯해 주위 사람들의 도움을 최대한 동원하면서 자신의 감정이 회복되기를 기다려주세요. 보살펴줄 어른이 없다면 밍키맘 님이 자신을 잘 다독이고 위로해야 합니다. 외롭고 무섭구나, 그런 감정 느껴도 괜찮아, 내가 널 위로해줄게, 하면서요.

이제까지 마음속에서 그리고 있던 모든 어머니상을 지우세요. 엄마는 모름지기 이러저러해야 한다는 이상과 기대가 활력소 역할을 하기도 했겠지만 지금처럼 힘겹고 우울한 시기에는 무겁고 단단한 족쇄처럼 느껴질 수 있습니다. 아이를 낳으면 행복한 엄마가 될 거고, 한 달이면 털고 일어나 바지런히 아이를 돌볼 거고, 또 누구보다 아이를 예뻐해서 물고 빠는 엄마, 모성애 강한 엄마가 되어야지 하는, 이제까지 당신이 생각한 모든 기대를 놓아버리세요. 자신이 되고 싶은 어머니상을 따라 하기 위해 애쓰지 마세요. 그러면 반드시 좌절하게 되니까요.

그보다는 자신이 될 수 있는 어머니상을 받아들이세요. 있는 그대로의, 가장 자기다운 엄마가 되세요. 밍키맘 님은 어떤 엄마일까요? 무뚝뚝하지만 변함없이 든든한 엄마가 될 수도 있습니다. 아이를 물고 빨며 예뻐하지만 집착이 강한 엄마일 수도 있고요. 집안일에 게으르고 정리를 잘 못하지만 아이들과 신나게 노는 걸 잘하는 엄마도 있습니다.

그 모든 것을 다 잘하면서 단점 하나 없는 엄마는 이 세상에 존재하지 않습니다. 완벽한 엄마가 되어야 한다는 생각이 바로 우울한 엄마를 만드는 가장 중요한 요인이 된다는 사실을 잊지 마세요.

"
7

육아에 무관심한 남편 때문에
너무 화가 나요

저는 4개월 된 아기가 있는 삼십 대 초반의 엄마입니다. 대학 졸업 후 회사 동기로 남편을 만났고 연애 4년 만에 결혼했습니다. 지금은 육아휴직을 하고 하루 종일 아기를 돌보고 있습니다. 모든 게 처음인 실전 육아는 정신적으로나 육체적으로 정말 힘들더라고요.

저를 더 힘들게 하는 건 남편의 무관심입니다. 처음엔 남편이 눈에 들어오지도 않았습니다. 내 몸이 힘들고 또 그 힘든 몸으로 24시간 아기를 봐야 했으니까요. 그런데 하루하루 남편에 대한 서운함이 커지고 제 짜증과 비난이 점점 심해집니다. 출산 전에는 이해할 수 있었고 가볍게 넘어갈 것들이 출산 이후에는 전혀 그렇게 되지가 않더라고요.

몇 번의 고비 때마다 남편에게 심각하게 이야기했습니다. 아기를 밤낮 없이 보는 게 얼마나 힘이 드는지, 차라리 회사에 출근하는 게 백 번 낫겠다고, 또 모유수유로 인해 온몸이 얼마나 아픈지를요. 그리고 아기를 재우기 전에는 야구를 보거나 휴대폰 게임을 삼가해 달라고, 또 나에게 가끔은 자유 시간을 줘야 하는 거 아니냐고, 어떨 땐 차분하게, 어떨 땐 울면서도 얘기했습니다. 제가 심각하게 얘기할 때 남편은 대개 잘 받아들이고 잘하겠다고 합니다. 하지만 하루 이틀 나아진 것 같다가도 또 틈이 나면 야구를 보고 게임을 하고 친구를 만나러 가겠다고 합니다.

아무리 이해하려고 해도 잘 안 됩니다. 내 삶은 출산과 함께 다 바뀌어 버렸는데 남편은 똑같이 지내는구나 싶습니다. 내 몸은 이렇게 변하고, 또 아프고 힘든데 남편은 겉으로만 걱정하고 정말로 저를 위한다는 생각이 안 듭니다. 서로 너무 안 맞는 우리, 어떻게 하면 계속 잘 지낼 수 있을까요.

— 제이 "

아빠의 육아 참여,
끊임없이 구체적으로 요구해야 합니다

> 4개월 된 아이가 있다면 제이 님 부부는 그야말로 초보 부모입니다. 초보 부모란 부모 노릇이 아직 익숙지 않다는 걸 의미하지요. 그때는 엄마와 아빠가 되었다는 사실이 얼떨떨한 때이고, 잔뜩 긴장했을 거고, 아이 중심의 생활을 상당히 불편하게 느낄 때입니다.

정체성을 바꾸는 일은 그것이 무엇이든 쉬운 일이 아닙니다. 우리는 태어나서 늙을 때까지 다양한 정체성의 변화를 경험합니다. 아기에서, 어린이로, 또 청소년에서 성인으로, 그리고 부부와 부모로 말이지요. 특히 정체성이 바뀌는 과도기에는 매우 어색하고 혼란스러운 감정을 경험합니다. 사춘기와 갱년기 증후군, 산후우울증 등이 좋은 예이지요.

그래도 여성은 엄마라는 정체성에 좀 더 익숙할 겁니다. 지난 10개월 동안 아이를 잉태하고 배가 불러오는 과정에서 엄마가 되고 있다는 사실을 의식했으니까요. 문제는 아빠인데, 아빠가 되기를 아주 간절히 기다렸던 경우가 아니라면 남성에게 아이의 탄생은 비교적 급작스럽고 낯선 사건일 수 있습니다. 게다가 남편은 아이의 탄생에서 약간 주변인 같은 존재, 소외된 존재입니다. 아내와 아이가 주인공인 드라마를 지켜보는 목격자라고 할 수도 있고요. 그에 비하면 제이 님은 임신과 출산, 그리고 양육의 드라마에서 정말 멋진 일을 해낸 엄마라는 이름의 주인공입니다. 당신은 위로받아야 할 사람이 아니고 축하받아야 할 사람입니다. 부러움의 대상이 되어야 하는 분이고요.

심리학자와 소아정신과 의사인 스턴 부부는 《좋은 엄마는 만들어진다》에서 출산 후 아내가 남편의 행동을 이해하지 못하듯이 남편은 아내가 아기에게만 집중한다는 걸 이해하지 못할 수 있다고 설명합니다. 남편은 아내의 변화를 보면서 혼란과 질투를 느끼며, 심지어 충만하고 신비한 엄마와 아이의 관계에 자신이 들어갈 수 없다는 사실에 무력감마저 느끼게 된다고 합니다.

저는 개인적으로, '엄마는 태어나는 게 아니라 만들어지는 것'이라고 생각합니다. 엄마로서의 역할과 정체성은 본능처럼 발휘되는 게 아니며, 애쓰고 수고하는 과정에서 서서히 생기기 때문이지요. 아빠는 더더욱 그렇습니다. 아빠는 그야말로 아빠로서 만들어질 시간이 상당히 필요합니다.

제가 보기에 두 분은 아이를 낳기 전에, 아이의 탄생과 육아에 대해 많은 얘기를 나눈 것 같지 않습니다. '처음엔 남편이 눈에 들어오지도 않았다'는 것으로 보아 남편의 육아 참여에 대해 제이 님조차 진지하게 생각해보지 않은 것 같아요. 그렇다면 이제라도 적극적인 고민을 시작해야 합니다.

아빠가 육아와 가사 노동에 참여하지 않는 건 세계적으로 고질적인 문제입니다. 미국의 직장 여성들도 평균적으로 가사 노동의 3분의 2를 혼자 감당한다고 하니까요. 그래서 저는 오해를 무릅쓰고라도 여성들에게 이 만만치 않은 현실을 사실대로 이야기해주는 편입니다. 알아서 해주는 남편은 없다. 남편을 아빠로 훈련시키기 위해서는 여성의 절대적인 노력과 수고가 필요하다고요. 아이 돌보랴, 남편 채근하랴, 힘드시겠지만 그 외에는 남편을 육아에 끌어들일 방법이 없네요. 그러니 임신과 출산의 주인공으로서 현실을 제대로 알고 대책을 세우는 게 중요합니다.

첫째, 남편은 결코 쉽게 변하지 않을 것이니 인내심을 가져야 합니다. 1~2년 안에 변한다면 환상적인 일이고 어쩌면 10년, 20년이 걸릴 수도 있습니다. 그때라도 변화가 있다면 반가운 일이라고 할 정도로 그들은 변하지 않습니다. 습관을 바꾸기도 어렵지만 무엇보다 아내의 요구대로 변해봤자 이로울 게 없기 때문입니다. 그러니 단기간에 변화할 것을 기대하면서 조바심내거나 흥분해서 기운을 빼면 안 됩니다. 감정 소모가 심해지면 지레 지쳐 포기할 수도 있으니까요. 포기하지 말고 끝까지, 몇 년이고 요구하세요. 그러다 보면 어느 순간 조금씩 남편이 달라진다는 걸 느낄 거예요. 이 과정에서 정 힘들면 가사도우미나 육아도우미의 힘을 빌리는 것도 권합니다. 이렇게 도움을 받아 육체적, 시간적 부담을 줄이면 부부가 좀 더 가벼운 마음으로 육아에 참여할 수 있습니다.

둘째, 남편에게 요구하는 일에 대해 미안함이나 죄책감을 느끼면 안 됩니다. 남편의 가사 노동 참여가 가족 전체를 위해 필요하다 해도 여성은 남편에게 육아나 가사 노동의 참여를 요구하는 일에 불편감을 느낍니다. 《여성의 성공 왜 느릴까?》를 쓴 버지니아 밸리언은 육아가 사랑과 기쁨으로 수행해야 하는 여성의 노동이라는 인식이 뿌리박혀 있기 때문에 남편에게 가사 노동을 강력하게 요구하지 못하는 것이라고 설명합니다. 즉, 사랑의 노동인 육아에서 형평성을 주장한다면 스스로가 비정한 여자로 보이기 때문이라는군요.

이런 자기 딜레마에서 벗어나세요. 아이를 사랑하기 때문에 남편에게도 육아의 기회를 나눠주어야 합니다. 또 가족을 사랑하는 만큼 자신을 사랑한다면 자신을 지나치게 혹사시키지 않아야 합니다. 그 형평성의 원칙을 잊지 마세요.

셋째, 남편에게 협조를 요구할 때 감정적으로 말하지 말고, 이성적으로 요구하세요. 언성을 높여 공격하기보다는(물론 이런 방법도 가끔 사용해야 하지만) 구체적으로 할 일을 지시해주세요. 또 막연하게 "나 좀 도와주지" "힘들어 죽겠어" "왜 그렇게 이기적이야"라고 하면 남성은 공연히 막중한 책임감을 느끼며 도망치고 싶어 합니다.

그러니 가능한 담담하게 시작과 끝이 명확한 구체적인 지시어를 주세요. "오늘 저녁 설거지 좀 부탁해." "거실 청소 해주면 좋을 텐데." "방에 가서 아이한테 이 책 좀 읽어줘요(가능하면 몇 권을 읽어줘야 하는지까지)." 이렇게 말입니다.

다음으로는 습관 들이기입니다. 그 또한 구체적이어야 합니다. 예를 들어, 매일 또는 일주일에 2~3번 아이와 30분 책 읽어주기 또는 공원 데려가기, 일주일에 한두 번 혼자 아이 봐주기 등입니다. 남편이 이런 일들을 마치고 나면 칭찬이나 감사의 표현도 잊지 마세요. 남편의 협조가 '구체적으로 어떻게' 도움이 되었는지 얘기해주면서요. 원래 습관을 새로 만드는 일은 어린아이를 다루는 일처럼 어려운 법입니다.

이렇게 남편에게 요구하려면 자신이 원하는 바를 구체적으로 알아야 합니다. 굳이 남편 때문이 아니더라도 여성이 자신의 욕구와 소망을 구체적으로 아는 것은 굉장히 중요합니다. 원하는 바를 구체적으로 알아야 그것을 이룰 수 있는 구체적인 방법 또한 찾을 수 있기 때문입니다.

넷째, 육아에 대해 지나치게 완벽하려고 하거나 주도적이려고 하지 마세요. 한 사람이 너무 주도적이면 상대는 그 일에 대한 흥미를 잃어버립니다. 부모 중 한 사람이 육아는 어때야 한다는 신념을 너무 강하게 갖고 있으면 다른 부모는 단순히 시키는 일만 하는 소극적 태도를 갖게 될 수 있습니다. 완벽하지 않아도, 서툴어도 괜찮습니다. 책임감을 조금 내려놓고 그 틈으로 남편이 들어오게 하세요.

제이 님, 가능한 모든 수단과 방법을 동원하십시오. 설득, 설명, 애원, 눈물, 침묵 등 무엇이어도 좋습니다. 아이들을 동원해 동정과 연민을 불러일으키는 방법도 좋습니다. 감정적인 싸움을 피하라고 했지만 정말 절박할 때는 분통을 터뜨려도 괜찮습니다. 당신이 가진 삶의 지혜와 장기를 모두 동원해 끈기 있게 남편을 설득하고 투쟁하고 변화시키십시오.

정말 쉬운 일이 아니군, 하며 고개를 내저을지도 모르겠습니다만 삶이란 원래 쉬운 일이 별로 없는 법이지요. 다만 서로 갈등하고 화해하고 노력하고 공을 들이는 과정에서 상대에 대한 이해와 속 깊은 애정이 생긴답니다. 그 의미 있는 결과를 포기하지 마세요!

아이 인생을
미리 걱정하지 마세요

부모의 미숙함 때문에 또는 아이 자신의 문제로
간혹 어려움에 걸려 넘어질 수도 있습니다.
하지만 아이들은 대부분 거기서 뭔가를 배운 뒤 털고 일어납니다.
모든 살아 있는 것들은 의외로 강한 생명력을 지니고 있으니까요.
부모는 그 과정을 끈기 있게 지켜봐주고 박수쳐주면 됩니다.

Chapter 2

"
1

아이들에게
자주 화를 내요

28개월 남자아이와 5개월 여자아이를 키우는 서른둘 엄마입니다. 아이들과 재밌고 행복하게 지내다가도 가끔 확 폭발하기도 하고 기분이 우울해지는 날도 있어요. 특히 둘째 낳은 후부터는 몸이 피곤해서 그런지 더 그렇고요. 주변에서는 큰아이만이라도 어린이집에 보내라고 하는데 그러기에는 아직은 때가 아닌 것 같고 아이도 소심한 편이라 적응을 잘 못할까 봐 걱정이 돼서 더 끼고 있으려고 했거든요. 하지만 요즘 들어 첫째에게 욱해서 화내는 모습을 자꾸 보여주는 것보다 반나절이라도 떨어져 있는 게 나을 것 같다는 생각도 드네요. 무엇이 아이를 위한 걸까요?

– smartsnow "

아이만큼 엄마도 소중한 존재입니다

> 당연히 아이를 어린이집에 보내야 합니다! 엄마가 스트레스를 느끼지 않는 상황이더라도 저는 엄마들이 의무적으로 하루 중 두세 시간 이상 아이들과 떨어져 자신을 돌봐야 한다고 생각합니다. 아이를 돌보느라 자신을 돌보는 일을 자꾸 미루면 안 됩니다.

첫째 아이가 28개월이라면 엄마의 피로감은 오래전 시작되었을 겁니다. 임신해서 배가 불러오면 그때부터 숙면을 취하는 게 어려워지지요. 그 과정에 둘째가 생겼으니 smartsnow 님은 지금 지칠 대로 지쳐 있을 거예요.

대부분의 엄마들이 이 상황에서 이를 악물고 버팁니다. 집안일과 육아의 이중고를 24시간 항시 대기 상태로 견디고 있지요. 저 역시 그랬어요. 그 당시 유일한 희망이 아이 걱정 없이 푹 잠드는 것이었으니까요. 그 시절 엄마들이 얼마나 초인적인 힘을 내는 건지 아마 경험해 보지 않은 이들은 모를 겁니다.

저는 요즘 엄마들이 우리 세대처럼 그렇게 미련하게 살지 않았으면 좋겠습니다. 자신을 극단까지 밀어붙이는 극기 훈련 식의 태도는 결국 누구에게도 도움이 되지 않습니다. 일단 엄마 자신을 지치게 하고, 화나게 만들기 때문입니다.

햄마 카노바스 사우는 《엄마라는 직업》에서 이렇게 말합니다. "자신을 돌보지 않으면서 어떻게 남을 돌볼 수 있는가? 그야말로 막다른 골목이다. 한시라도 빨리 그 골목에서 나와야 한다"고 말이지요. 카노바스 사우는 엄마가 자신을 돌보지 않는 이유를 '죄책감' 때문이라고 단언합니다. 엄마로서 당연히 해야 할 일을 하지 못한다고 생각하기 때문에 자신을 돌보는 행위를 스스로 용납할 수 없다는 것입니다. 그것은 전업맘이든 워킹맘이든 마찬가지입니다. 전업맘들은 하루 종일 아이들을 돌보면서도 자신이 최선을 다하지 못하고 있다고 괴로워하고, 워킹맘들은 직장에 다니느라 아이들을 제대로 돌보지 못했다고 괴로워하지요. 또 엄마 역할에 대한 기대수준이 너무 높아도 죄책감을 느낄 수 있습니다. 완벽주의 엄마의 기대치를 만족시키기란 어려운 일이니까요.

smartsnow 님도 죄책감을 갖고 있나요? 두 아이를 만족스럽게 돌보지 못했다는 생각에 자신의 피로감은 돌볼 자격이 없다고 생각하나요? 그렇다면 앞으로는 긍정적인 엄마가 되기 위해 자신을 돌보고, 자신의 건강을 돌봐야 한다고 생각하십시오.

우리가 우리 몸을 관리하지 않으면 지쳐서 결국 화를 냅니다. 평소엔 아무렇지도 않았던 일에 갑자기 짜증이 나는 경험이 있을 겁니다. 몸이 내는 화는 종종 짜증이나 치밀어 오르는 분노, 우울감 등으로 표현됩니다. 엄마가 화가 나면 그 화가, 가장 힘없는 아이들에게 돌아갈 것은 뻔합니다. 뿐인가요? 마음의 화는 다시 신체적 질병의 원인으로 차곡차곡 저장됩니다.

또 마음속에서 이런 억울함이 울컥 치밀어 오를지도 모르겠습니다. 지금 내가 얼마나 고생하고 있는데, 얼마나 꾹 참고 있는데 왜 그 정도 가지고 징징거리지? 그럴 땐 울거나 뭔가를 요구하는 아이들이 견딜 수 없어질 수 있습니다. 남편을 비롯해 뭔가를 당연하게 누리는 주변 사람들이 꼴 보기 싫어질 수도 있습니다. 주변 인간관계에 문제가 생기는 것이지요.

가장 큰 문제는 건강입니다. 현대인은 생각의 힘이 너무 강해서 생활의 많은 부분을 의도와 목표, 계획에 억지로 맞출 수 있다고 생각합니다. 그때 가장 크게 희생 당하는 부분이 바로 우리의 몸이지요. 사람들은 자신이 얼마나 피로한지 잘 느끼지 못합니다. 피로를 느끼면 자신이 생각한 계획에 차질이 생길 수 있으므로 자동적으로 피로감을 외면합니다. 하지만 피로감은 나를 돌봐달라는 간절한 호소랍니다.

자신의 건강 상태를 가만히 느껴보세요. 몸과 마음이 아직은 버틸 만하다고 말하고 있나요? 생각이 아니라, 몸과 감정이 뭐라고 하는지 들어보세요. 피로감과 짜증과 화가 당신에게 하는 호소를 외면하지 마세요. 만약 아이를 어린이집에 보내는 게 불가능하다면 누군가의 도움을 받는 식으로 육아나 가사 노동에 도움을 받고, 피로감에 적극적으로 대처하세요.

사랑스러운 아들, 딸과 마찬가지로 자신도 소중한 존재라고 생각해야 합니다. 자신을 아이들에 비해 너무 많이 차별하지 마세요. 엄마는 아이들의 행복을 위해 최선을 다해야 하지만 한계에 부딪혔을 때는 아이들이 엄마의 어려움을 조금이나마 나누는 게 자연스러운 일입니다. 부담을 나누고 아이들에게 감사하는 마음으로 더 사랑해주면 되니까요.

아이를 키우는 어려운 상황에서도 엄마가 틈틈이 자신을 챙기는 것, 작은 행복을 모색하는 것, 자신의 건강을 보살펴서 건강한 엄마로 사는 것, 그것을 위해 아이들에게 양해를 구하는 것과 같은 일들은 아이에게 결코 해가 되지 않습니다. 오히려 엄마처럼 자신을 사랑하는 사람이 되게 하는 가장 훌륭한 교육입니다.

"
2

아들 둘 가진 게
죄인가요?

세 살, 다섯 살 아들 둘을 키우는 전업맘입니다. 요즘 저에게 가장 큰 스트레스는 '아들 둘이라 힘들겠다'는 말입니다. 친정, 시댁 식구들, 친구들, 길 가던 할머니까지 제가 아이들과 함께 걸어가는 것만 봐도 혀를 끌끌 차세요. 동정도 아니고 그 소리가 너무 듣기 싫어요. 다들 힘들어서 어찌 키우느냐는 말만 하는데 아들 둘 낳은 게 무슨 죄인가요? 얼마 전에는 딸 낳은 친구가 "요즘은 입양도 아들은 인기 없다"고 말하는데 울컥 하더라고요. 이것도 괜한 자격지심인가요?

— 영훈맘 "

주변의 편견에서
내 아이를 지키세요

> 괜한 자격지심이라니요! 시쳇말로 충분히 '열받을 말'입니다. 아들 가진 엄마에게 "아들은 입양도 인기 없다"는 얘기를 하다니요. 친구 맞습니까? 제 귀엔 그 말이 거의 비난처럼 들립니다.

아무리 농담이라도 자꾸 반복되면 기분이 상하고 상처를 받기 마련입니다. 다른 문제도 아니고 자식에 관한 얘기로 주위 사람들에게 저평가받는 건 굉장히 신경 쓰이고 기분 상하는 일이지요. 울컥 하는 게 정상입니다. 따끔하게 한마디 했어야 하는데 분위기가 거북해질까 봐 혹시 아무렇지 않은 듯 가만히 있었던 건 아닌가요?

저는 문득 이런 궁금함이 생깁니다. 영훈맘 님은 아들 둘 키우는 일이 행복한 걸까요? 두 아들에게 충분히 만족하나요? 또 그 아이들과 지내는 시간이 즐거운가요? 혹시 아이들을 돌보기가 힘에 부친 건 아닌지요. 딸이 없는 것에 대한 아쉬움은요?

다른 사람들의 이러쿵 저러쿵에 유난히 마음이 쓰이고 불편하다면 그건 그들의 의견에 동의하는 목소리가 내 내면에 있을 수도 있다는 걸 의미합니다. 우리 내면에 존재하지 않는 것으로는 타인들이 아무리 뭐라고 해도 별로 개의치 않습니다. 하지만 나 역시 그런 생각을 하고 있을 때 누군가 그에 대해 이야기하면 감정적 반응이 일어납니다. 위축될 수도 있고, 슬퍼질 수도 있지만 자존심이 상하거나 화가 날 수도 있어요.

배르벨 바르데츠키는 《너는 나에게 상처줄 수 없다》라는 책에서 이런 말을 합니다. "누가, 그리고 어떤 일이 우리에게 상처를 주는가는 상처받는 사람에 의해 결정된다. 상처받았다는 것은 '누군가 나에게 상처를 주는 행위를 했다'가 아니라, 그 행위 때문에 '나의 가치가 땅에 떨어진 것 같은 감정을 느꼈다'가 원인이기 때문이다"라고요. 다시 말해 아들 둘이 있는 상황이 당신도 불만이고 우울했기 때문에 주위 사람들의 반응에 더욱 민감했을 수 있다는 것입니다.

물론 행복하지 않다고 해서 영훈맘 님을 탓하려는 건 아닙니다. 행복한 감정은 억지로 만드는 게 아니니까요. 다만 이번 기회에 자신의 마음을 살펴보는 건 어떨까요?

만약 아들들과 지내는 시간이 행복하시지 않다면 왜 그런 건지 찬찬히 돌아보세요. 체력적인 부담 때문인지, 딸을 기대했는데 아들이 태어나서 내내 서운한 마음이 있는 건 아닌지, 그도 아니라면 다른 걱정거리가 있는지 점검해보세요. 이를테면 가족 관계나 자기 자신에게 말이지요.

체력적인 부담 때문이라면 엄마가 휴식을 취하고 건강해질 수 있는 현실적인 대책을 세워야 합니다. 사내아이들은 워낙 움직임이 커서 엄마가 돌보기 쉽지 않지요. 그 아이들을 따라 같이 뛰다 보면 체력도, 감정도 바닥으로 내려갑니다. 그렇다면 육아에서 남편의 적극적인 참여와 협조가 있어야 합니다.

딸을 바라는 마음이 있었다면 그 마음의 밑바탕에 어떤 이유가 있는지도 살펴봐야 합니다. 다정한 모녀간에서 볼 수 있는 감정적인 위로와 소통이 필요했던 걸까요? 그렇다면 왜 위로가 필요한지, 어떤 아픈 마음이 있는 건지 살펴보고, 위로받을 수 있는 다른 방법을 찾아봐야겠지요.

또한 우리는 종종 자신이 해결할 문제에 직면하기 두려워서, 부담스러운 문제를 잊기 위해 비교적 사소한 다른 걱정거리를 만들어내기도 합니다. 물론 자신도 모르게, 무의식적으로 그렇게 하는 것입니다. 조심스러운 이야기이지만 영훈맘 님에게도 이런 문제가 있는 게 아닌지 스스로 돌아보세요. 예를 들면, 남편에 대한 불만이 너무 큰데 그 감정을 억누르고 비교적 사소한 아이들 문제로 전전긍긍하는 것입니다. 또 내 안에 외면하고 싶은 두려운 문제가 있다고 느낄 때, 자존감이 낮아 우울할 때, 우리는 일상의 다른 문제로 속을 끓이며 대리 고통을 경험할 수 있습니다.

사실 그래도 나쁘지 않습니다. 직면해야 할 문제가 너무 크면 마음의 힘을 기를 때까지 잠시 피하는 것이 자신을 보호하는 일이니까요. 그런데 짐짓 만들어낸 대리 고통이 너무 커지면 당신을 심각하게 괴롭힐 수도 있습니다. 자존감이 낮은 사람은 그 어떤 문제에도 스스로 상처입기 때문입니다. 아들에 대한 주위의 우려와 걱정에 맞서고 싶다면 영훈맘 님이 먼저 아들에 대해 긍정적이어야 합니다. 자신이 아주 좋아하고 만족스러운 일을 하고 있다면 남들이 뭐라고 해도 크게 개의치 않게 됩니다. 더욱이 내가 아이들과 있을 때 즐겁고 행복한 표정이라면 사람들은 나를 동정하지 않을 것입니다.

제가 초보 엄마였을 땐 딸 둘을 가진 엄마들이 영훈맘 님처럼 주위의 부정적인 시선에 시달렸답니다. 출산하는 병원에서부터 아들 낳은 엄마들과 비교 당했고 어디를 가나 사람들이 "왜 딸만 둘이야. 아들을 낳아야지" 하며 끌끌 혀 차는 소릴 들었지요. 그 시절엔 딸은 자식이 아니라고 말하는 시부모도 있었어요.

그래서 딸 가진 엄마들은 자신과 딸들을 사람들의 손가락질에서 지키기 위해 무진 애를 썼답니다. 아이들을 열심히 키우고, 당당하기 위해 노력했고, 누구보다 귀하게 여기고, 손가락질에 강해지기 위해 마음을 가다듬었습니다.

영훈맘 님도 아이들을 주위의 편견에서 보호하세요. 태어난 아이는 그 아이가 누구든 기꺼이 받아들여져 축복받아야 하는 존재입니다. 그러기 위해서는 누구보다 엄마가 긍정적이고 행복하고 건강해져야 한다는 사실, 기억하세요!

"
3

엄마에게서 한시도 떨어지지 않는 아이, 방법이 없을까요?

저는 14개월 된 딸아이를 키우는 워킹맘입니다. 아이가 유난히 아빠에겐 호의를 베풀지 않아 걱정이기도 하고 너무 힘들기도 해요. 저녁에 친정 엄마 집에서 아이를 찾아 집으로 데리고 오면, 그때부터 아이는 저에게만 집착하고 잠시도 떨어지지 않으려 합니다. 밀린 집안일을 하려 해도 아빠는 본체만체, 저만 찾고 제 주변만 서성이네요.

직장을 다니는 탓에 아이를 돌봐주지 못했다는 미안함이 앞서 퇴근하자마자 모든 에너지를 아이에게 쏟아 붓고 있어요. 아기 띠를 메고 집안을 계속 왔다 갔다 하기도 하고, 노래를 불러주기도 하고, 볼풀에서 신나게 공놀이도 해주고, 목소리 높여 그림책을 읽어주기도 합니다. 그렇게 진을 뺄 정도로 놀아주고 나면 아이에게 최선을 다했다는 생각에 마음은 편해지지만, 몸은 힘들어 죽을 지경이에요.

남편도 미안해하며 집안일은 본인이 다 하려고 하고, 육아도 최대한 분담하려고 하지만 아이가 아빠를 따르지 않으니 어찌할 도리가 없어요. 아빠한테 안겨 있으면 이내 엄마에게 오겠다고 난리예요. 대부분 아이들이 아빠보다 엄마를 더 많이 따른다는 소리는 들었지만,

이대로 계속된다면 더 이상은 못 버틸 것 같아요.
우리 아이만 이러는 건지, 아니면 저희 부부에게 문제가 있는 건지 아가의 정서에 안 좋은 건 아닌지 걱정이 됩니다. 어떻게 해야 아이가 아빠를 더 따르게 할 수 있을까요?

– 수지 83 "

지나치게 헌신하면
몸도 마음도 병들어요

> 많은 엄마들이 아이에게 죄책감을 느낍니다. 엄마의 죄책감은 엄마 자신을 괴롭히고 우울하게 만들며, 육아에도 해로운 감정입니다. 죄책감을 가진 엄마는 위축되어 있고, 우울하기 때문에 자신의 능력이나 장점을 제대로 발휘할 수 없습니다. 그렇게 되면 육아가 즐거울 리 없지요.

죄책감을 가진 엄마는 자주 화를 냅니다. 자신이 잘못했을지도 모른다는 생각, 제대로 할 수 없을지도 모른다는 두려움 때문에 방어적으로 화를 내는 거죠. 또 반대로 수지83 님처럼 지나치게 헌신하면서 자신을 소진시킬 수도 있습니다.

죄책감이 많은 엄마는 우물쭈물하고, 가장 적절한 선택이 무엇인지 매번 판단하기 어려워할 것이며, 아이 앞에서 당당하지도, 긍정적일 수도 없을 테니 교육적으로도 좋을 리 없습니다.

수지83 님은 아이와 헌신적으로 놀아주는 것에 온힘을 쏟고 계시네요. 그래서 아이가 엄마와 노는 맛에 푹 빠졌나 봅니다. 아이는 엄마와 있으면 정말 환상적이겠다는 생각이 드네요. 엄마만 보면 그 환상적인 기분이 생각나서 엄마를 채근하는 것입니다.

그래서 아빠에게 가지 않는 것 같습니다. 아빠는 엄마보다 재미없거나 같이 노는 것이 익숙하지 않은 존재이지요. 아이 머릿속에 엄마는 '나와 노는 사람'일 수 있습니다. 엄밀히 말해 아이 생각에 엄마는 '나를 사랑해주는 사람이 아니고, 나와 놀아주는 사람'입니다. 아이는 아직 엄마의 노력을 사랑이라는 개념으로 전환해서 사고하지 못하니까요.

수지83 님의 노력이 아이에 대한 사랑에서 나온 것이긴 하지만 매사에 그렇듯이 아이에 대한 헌신도 지나치면 문제가 됩니다. 일단 사람은 지치면 감정적으로 고갈되는 기분을 느낍니다. 아이에 대한 사랑도 메말라간다고 느낄 수 있어요.

또 아이가 엄마를 도구적으로만 볼 수도 있습니다. 아이들은 어른보다 훨씬 더 욕망에 충실해서 때로는 이기적으로 보입니다. 자신의 쾌락을 위해선 엄마가 지쳐 있든 말든 한 치도 양보하지 않으니까요.

대부분의 엄마가 그걸 잘 알면서도 미인힘과 죄책감 때문에 아이에게 항복하고 맙니다. 자신이 최선을 다하고 있지 못하다고 늘 생각하기 때문이에요. 직장맘들의 죄의식은 더욱 심각합니다. 엄마와의 헤어짐을 날마다 경험하는 아이 생각을 하면 언제나 가슴 한편이 납덩이처럼 무거울 테니까요.

우선 그 죄책감에서 벗어나야 합니다. 부모는 자신이 가지고 있는 절대적인 고독, 외로움을 아이에게 투사하고, 아이가 느끼는 부정적인 감정이 모두 자기 탓일 거라고 생각하지요. 자신이 최선을 다하지 못해서 아이를 고독하게 했다고요. 하지만 인간이 가진 절대적인 고독은 그야말로 인간 본연의, 타고난 감정입니다. 우리는 모두 고독감을 느낍니다. 행복의 한가운데서도요. 그러니 아이의 감정을 엄마가 모두 책임지려 하지 마세요.

게다가 당신의 아이는 날마다 엄마와 헤어지는 것이 아니라 날마다 두 엄마와 만나는 것입니다. 엄마가 둘이라면 장점도 있답니다. 좋든 싫든 한 엄마에게 절대적으로 의존해야 하는 다른 아이들에 비해 상대적으로 여유가 있습니다. 낮 동안 할머니도 아이를 위해 최선을 다할 거고요.

아동발달 연구가이면서 네 아이의 엄마인 샌드라 스카는 《어머니의 양육과 타인의 양육》에서 모든 유아가 한 사람에 집중된 애착 관계를 보인다는 믿음은 엄마의 특별한 의무를 강조하기 위한 일종의 신화라고 말합니다. 아이들은 동시에 한 명 이상의 사람들과 애착 관계를 형성할 수 있으며, 한 사람 이상의 보호자를 갖는 게 아이한테 더 좋은 일일 수 있다고 주장하면서요. 그러니 엄마 역할을 제대로 하지 못한다는 미안함에서 벗어나세요.

아이를 좀 심심하게 놔두어도 좋습니다. 심심해지면 혼자서라도 놀 궁리를 할 겁니다. 우리 인간은 원래 좀 심심하고 단순해야 창조적이 된다고 하지요. 물론 갑자기 엄마가 태도를 바꾸면 아이는 충격을 받을 수 있습니다. 처음에는 아이가 잘 눈치 채지 못하게 조금씩 노는 시간을 줄이고 놀이 강도도 점차 낮춰보세요. 그러다 나중엔 아이를 옆에 두고, 또는 아이와 함께 엄마의 일을 해보고, 시간이 지나면 조금 떨어져서 각자의 일을 해보는 겁니다. 아이는 거실에서, 엄마는 다른 공간에서 말이지요. 피곤할 때는 아이에게 엄마가 무척 피곤하다고 표현하는 것이 좋습니다. 엄마가 로봇이 아니고 사람이라는 걸 이해하는 것도 아이에겐 무척 중요한 일이니까요.

그러다 보면 심심한 아빠에게도 가게 될 겁니다. 심심한 아빠에게서 어떤 매력을 느끼게 되겠지요. 그때서야 비로소 아이는 아빠라는 부모와도 애착 관계를 맺게 될 것입니다.

"
4

아이가 너무 순해서 손해 보며 살지 않을까 걱정입니다

일곱 살 아들을 키우는 워킹맘입니다. 제 아이는 지금껏 큰소리 한 번 내본 적이 없을 정도로 순한 아이예요. 유치원 교사들도 '신경 쓸 일이 거의 없다'고 할 정도고요. 하지만 초등학교 입학이 한 학기밖에 안 남은 지금은 너무 걱정이 됩니다. 주변에 거친 남자 친구들이 때리거나 툭툭 쳐도 가만히 있고 제 것도 친구들이 달라고 하면 대부분 그냥 줘요. 옆에서 보면 '저러다 남한테 다 퍼주고 손해 보지 않을까' 속이 끓습니다. 요즘은 아이의 문제가 아니라 늘 바빠서 신경 많이 못 써주는 엄마 사랑을 받으려고 아이가 '착한 아이 콤플렉스'에 걸린 건 아닐까 제 자신을 돌아보게 됩니다.

— 지니램프 "

아이 인생을 쉽게 추측하고
미리 걱정하지 마세요

> 시인 신달자 씨는 《엄마와 딸》이라는 책에서 "자식은 엄마의 또 다른 심장이 밖에서 뛰는 것"이라고 말합니다. 자식에 대한 엄마의 애틋한 심정을 정말 멋지게 표현했지요. 하지만 엄마들이 느끼는 애틋한 감정이 슬픔이나 걱정 같은 부정적인 감정은 아니었으면 좋겠어요.

저 역시 그랬지만 대한민국 엄마들은 자신의 아이를 너무 슬픈 눈으로 바라보는 경향이 있습니다. 많은 엄마들이 아이가 애틋하고 안쓰럽고 짠하다고 얘기합니다. 추측건대 엄마가 어린 시절을 슬픈 정서 속에서 보낸 게 아닐까 싶어요. 아니면 내면의 어떤 측면이 여전히 어리고 슬프고 외로운지도 모르겠습니다.

내 마음속의 슬픔이 있다는 사실을 외면하고 그걸 자식에게 비추어 그 아이가 외롭고 슬플 거라고 생각하는 것, 그것을 심리학적으로는 '투사'라고 하지요. 대부분의 사람이 투사를 하면서 살아갑니다. 우리가 타인에 대해 하는 대부분의 판단, 평가가 투사라고 해도 과언이 아닐 정도입니다.

우리가 아주 잘 알고 있다고 생각하는 남편, 부모, 자식, 이웃 사람에 대해 하는 추측도 많은 부분 투사이고 선입견이며, 지레짐작이라고 할 수 있습니다. 아무리 가까운 사이라도 우리 인간은 기본적으로 남이며, 그래서 대화 없이는 상대의 생각을 제대로 이해하기 어렵답니다. 그 사실을 인정하고, 매일 새롭게 그리고 조심스럽게 상대를 대한다면 대부분의 오해와 갈등이 해결되겠지요.

모든 투사가 인간관계의 왜곡을 불러오지만 특히 자식에 대해 투사를 계속 하다 보면 아이의 인생에 부모가 반복해서 잘못된 개입을 하는 꼴이 됩니다. 부모가 자기 식대로 판단해서 과보호하거나 반대로 방치하기 때문이지요.

아이의 자아상에도 문제가 생깁니다. 아이를 늘 안쓰럽고 애처롭게 바라보면서 저러다가 뭔가 문제가 생기지 않을까 걱정한다면 아이 역시 우울한 자아상을 갖게 될 것입니다. 반대로 지나치게 긍정적인 기대도 아이에게 짐이 될 수 있지요. 그 역시 자기 본연의 것이 아니니까요.

그러니 지니램프 님, 현재 일어나지 않는 일로 지레 걱정하지 마세요. 내일의 문제는 내일 해결하면 됩니다. 아이가 부모의 미숙함 때문에 또는 아이 자신의 문제로 간혹 어려움에 걸려 넘어질 수도 있습니다만 대부분은 거기서 뭔가를 배운 뒤 털고 일어납니다. 모든 살아 있는 것들은 의외로 강한 생명력을 지니고 있으니까요. 부모는 그 과정을 끈기 있게 지켜보고 박수쳐주면 됩니다. 왕따 문제로, 또는 성적 때문에 상처를 입기도 하지만 어찌 보면 그게 요즘 우리나라 아이들이 겪어야 할 인생의 고난인지도 모르겠습니다. 우리가 가난, 폭력, 부모의 무지 등으로 힘들었고 거기서 인생을 배웠듯이 말입니다.

다만 전제되어야 할 게 있는데, 아이가 어려움을 겪고 있지는 않은지 주의 깊고 끈기 있게 지켜봐야 합니다. 또 엄마의 지원이 필요하다면 언제든지 말하라고, 엄마는 너를 위해 달려갈 준비가 돼 있다고 격려해줄 필요도 있습니다. 그러면 아이는 고난 앞에서 좀 더 느긋해지겠지요.

끈기 있고 주의 깊게 지켜보는 일을 계속하면 자식에 대한 투사에서 벗어날 수 있습니다. 오래 지켜보면 아이가 내 생각이나 예측과는 다르게 살아간다는 걸 확인하게 되고, 아이에 대한 내 생각이 틀릴 수도 있다는 사실을 알게 됩니다. 아이가 나와는 다른 '타인'이라는 사실을 깨닫는 것이지요. 그러면 투사는 중지됩니다.

자식을 기르는 일은 한 알의 씨앗을 심어 화초와 나무로 기르는 일과 비슷합니다. 아주 작고 단순한 모양의 씨앗에서 연둣빛 새싹이 나오고 그것이 더욱 자라 각양각색의 꽃을 피우고 열매를 맺습니다. 우리가 전혀 상상할 수도 없었던 모양으로 기듭니는 꽃과 나무를 보면 마치 마술을 보는 것처럼 놀랍고 신기합니다. 자식도 그렇지요. 성인이 되기까지 외모도 성격도 수없이 바뀝니다. 어렸을 때 그랬던 아이가 어쩜 저렇게 변했을까 싶습니다.

아이에 대한 내 생각은 나의 것이지 아이의 것이 아니었다는 사실 또한 알게 됩니다. 내가 아이에 대해 가졌던 지나친 우려, 찬사, 두려움 등은 사실 내 문제로부터 나온 것이며, 아이를 걱정해야 하는 게 아니라 나를 돌아보고 걱정해야 할 문제라는 것을 알게 되는 거예요.

그러니까 지니램프 님이 걱정하신 부분, '저러다 남한테 다 퍼주고 손해 보지 않을까' 하는 생각은 아마도 당신 내면에, 나는 남에게 다 퍼주고, 손해만 보며 살았다는 어떤 회한, 억울함으로 존재하고 있을지도 모르겠습니다. 그게 물질적인 것이든, 심리적인 것이든 아마도 뭔가 제대로 계산하지 못하고 빼앗긴 부분이 있다고 느끼지만 짐짓 통 크게 굴어야 해, 사소한 것에 속 좁게 매달리면 안 돼, 하면서 외면하는 감정이 존재할 수 있다는 것입니다. 그걸 먼저 알아차려야 합니다.

그렇게 해야 비로소 엄마는 아이와 거리를 둘 수 있습니다. 아이와 밀착된 엄마가 거리를 두는 일은 쉽지 않습니다. 게다가 요즘은 세상이 엄마의 실천을 얼마나 요구하는지요. 아이를 위해 이리저리 뛰다 보면 거리를 두면서 객관화하기가 참 쉽지 않지요. 하지만 저는 엄마들에게 이런 부탁을 하곤 합니다. 자기 안에서 쉴 새 없이 일어나는 수많은 생각을 단호하게 접고 아이를 있는 그대로 보려고 노력할 것, 속을 태우면서도 그냥 지켜볼 것, 아이가 걸려 넘어지더라도 미리 막아서지 말 것, 대신 살아주지 말 것, 제 스스로 변화할 때까지 몇 년이고 기다려줄 것 등이 그것입니다.

그 경험을 한 엄마들은 알게 될 것입니다. 내가 낳은 아이조차 내가 함부로 판단하고 좌우할 수 없는 타인이며, 인간이 얼마나 변화무쌍한지, 얼마나 다양한 꽃으로 피어나는지 말입니다.

"
5

말썽꾸러기 우리 아이, 사람들의 지적이 신경 쓰여요

같은 아파트에서 친하게 지내는 엄마가 있어요. 아이들 나이가 엇비슷하다 보니 서로 맛있는 것도 나눠먹고 육아 고민을 나누기도 하죠. 문제는 저희 큰아이가 다섯 살인데 저도 골치 아플 정도로 말썽꾸러기라는 거예요. 속상하고 '왜 우리 아이만 이럴까' 싶을 때도 한두 번이 아니에요. 그런데 그 엄마가 한 번씩 우리 큰아이 안 좋은 점을 지적해요.

처음에는 진심 어린 걱정으로 받아들였는데 자꾸 반복되니 짜증이 나요. 그 엄마가 진지하게 "어떡하니, 자기 큰아들" 이렇게 말을 꺼내면 가슴부터 쿵 내려앉고 주눅이 들곤 합니다. 이 엄마와 앞으로도 이런 관계를 유지해야 될까요? 솔직히 스트레스가 너무 심해요.

— 늘푸른 "

밖에서는 무조건
내 아이 편이 되어주세요

> 정말 속상하겠네요. 저도 젊은 엄마 시절에 그런 일을 경험했기 때문에 그 마음이 어떨지 충분히 이해돼요. 같은 동네에 살던 절친했던 친구와 결국 서먹해졌으니까요. 그 친구가 내 아이에게 하는 말이 마치 가슴에 박히는 비수처럼 고통스러웠지요. 아이들이 크고 나니, 친구들을 만나면 서로 자기 자식 흉보느라 정신없지만 초보맘 시절엔 매 순간 내 아이가 남에게 어떻게 보일까 전전긍긍했답니다.

젊은 엄마들은 자신의 아이에 대한 타인의 평가에 아주 예민해요. 아마 엄마와 아이의 밀착된 관계 때문일 거예요. 젊은 엄마에겐 아이가 나의 일부, 나의 중요한 창조물이며, 더 나가서 내 양육의 성과물이라는 생각이 강해요. 그래서 아이에 대한 타인의 평가를 나에 대한 평가 이상으로 신랄하게 느낀답니다. 그러나 아이가 자라 성인이 되면 절감하게 됩니다. 아이는 엄마가 어찌할 수 없는, 엄마의 노력도 무력하게 하는 타인이구나, 하는 사실을요.

자식을 지나치게 자신의 성과물로 보면 그로 인한 부담 때문에 힘들지만 어떤 면에서는 순기능도 있습니다. 비난과 같은 타인의 공격으로부터 내 아이를 지킬 수 있게 해주니까요. '내 아이가 어때서? 그럴 수도 있지!' 하는 태도 말이에요. 특히 어린아이에겐 부모의 그런 무조건적인 방어가 필요합니다.

혹시 늘푸른 님은 다른 엄마들에게 큰아이에 대해 이야기할 때 부정적이지 않았나요? '애가 왜 저렇게 말썽꾸러기인지 모르겠어요. 정말 골치 아파요' 하는 태도를 보이면서요. 나 자신이나 내 자식의 좋지 않은 점을 상대에게 부각시켜 말하는 데는 여러 의도가 있을 거예요. 화풀이 식으로 말하기도 하지만 대부분은 '나도 이미 그 문제를 알고 있으니 당신이 나를 비난하지 말았으면 좋겠다'는 방어의 뜻일 수 있지요. 일종의 수동적 자기 방어인 셈인데 이것이 오히려 상대로 하여금 나나 내 아이에 대해 함부로 말할 수 있는 여지를 만들기도 합니다. 일종의 부작용이지요.

그러니 늘푸른 님, 아이가 혼자 있을 때 엄하게 꾸짖고, 타인과 함께 있을 땐 되도록 신중하게, 그리고 수용적으로 대하는 건 어떨까요? 타인과 있을 때 아이를 보호해준다면 아이도 엄마의 사랑을 신뢰하게 될 거예요.

그리고 의사소통에서 혼선을 피하는 방식으로 대화해보세요. 먼저 동네 엄마에게 솔직하지만 공격적이지 않게 물어보는 겁니다. "자기가 보기에 그렇게 걱정돼? 어떤 점이?" 하고요. 그런 뒤 "가까운 사람이 자꾸 그러니까 정말 걱정되네. 마음도 아프고"라고 말해보세요. 그러면 상대방도 자신의 태도를 알아차리고 조심하게 될 거예요. 눈치

없는 사람들은 상대가 자신을 어떻게 보고 있는지 깨닫지 못하고 자꾸 반복해서 상대의 심기를 건드린답니다.

그 엄마가 그런 말을 반복하는 의도나 이유가 달리 있는지도 살펴보세요. 혹시 늘푸른 님의 큰아이 때문에 자기 아이가 피해를 입는다고 생각하고 있는 건 아닐까요? 그렇다면 아이들 관계를 잘 살펴서 조정해야 합니다. 사람들과 대화할 때 상대의 말 그 자체를 판단하기보다는 그 말의 의도나 숨은 뜻을 살피는 것도 굉장히 중요합니다. 우리는 대부분 완곡하게 돌려서 말하는 게 예의 있는 태도라고 생각하거든요.

늘푸른 님의 아이가 통제할 수 없을 만큼 장난꾸러기라면 검사와 상담을 받아보는 것도 방법입니다. 그곳에서 아이의 현재 상태를 좀 더 객관적으로 파악할 수도 있고, 아이를 잘 다루는 방법도 배울 수 있을 거예요.

무엇보다 늘푸른 님, 엄마에겐 아이를 무조건 믿고 수용하는 마음이 필요합니다. '우리 아이는 문제없어. 우리 아이는 밝고 착한 심성을 가졌으니까'라고 긍정적으로 믿어주세요. 또 문제가 좀 있으면 어떤가요. 해결 방법을 찾아서 해결하면 되지요.

만약 아이에게 해결될 수 없는 문제가 있더라도 그 또한 기꺼이 받아들여야 합니다. 그래도 나는 내 아이를 사랑하고 지지하고 부끄러워하지 않을 거라고 마음을 단단히 먹어야 합니다. 그러고 나면 현실은 힘들어도 생각은 무척 단순해집니다. 그 단계까지 갔다면 거의 최고의 부모라고 할 수 있습니다.

대부분의 아이는 자라면서 몇 번씩 변하기 때문에 어느 한 시기의 문제는 곧 사라집니다. 참고로 제 친구에게서 "정서가 강퍅한 아이, 꽃이나 나무를 사랑하는 법을 배워야 할 아이"라는 소릴 듣던 제 딸아이가 지금 어떻게 살고 있는지 알려드릴게요. 누구보다 타인을 배려하고 어려운 이들을 돕고 싶어 하는 따뜻한 어른으로 성장했답니다. 그러니 늘푸른 님, 아이 때문에 주눅 든 가슴을 활짝 펴고 당당해지세요. 파이팅!

아이가 밖에서와 집에서의 행동이 너무 달라요

일곱 살 딸을 둔 엄마예요. 딸아이는 유치원에서 따르는 친구도 많고 주변 어른들한테도 잘해서 예쁨을 많이 받아요. 친한 엄마들은 "자기 아이만 같으면 열 명도 키우겠다"고 할 정도죠.

문제는 집에 오면 아이의 태도가 싹 바뀐다는 거예요. 저에게 함부로 하는 건 물론이고 남동생한데도 쌀쌀맞게 대하고 온갖 욕심을 다 내요. 아무리 제 아이지만 이기적인 모습을 볼 때마다 화가 나고 미워질 때가 많아요. "그러지 말라"고 따끔하게 야단을 쳐도 입을 삐죽거리는 아이를 보면 저를 무시한다는 생각 때문에 더 화가 나요. 제가 뭘 잘못해서 그러는 걸까요? 엄마니까 그냥 참고 넘어가는 게 맞나요?

— 초롱초롱

당신의 내면 아이와
닮아 있지 않나요?

> 아이들이 어렸을 때, 저도 아이와 자존심 싸움을 많이 했답니다. 특히 첫째 아이와 더 심각했는데, 누가 이기나 보자 또는 분해서 못 살겠다, 이런 심정이었지요. 지금은 그때 생각을 하면 웃음이 나오지만 그 당시엔 정말 심각했어요. 아마도 성장하지 못한 채 남아 있던 내면 아이가 가끔 내 인격의 전면으로 나와 딸애와 씨름을 했던 거 같아요. 그럴 때 나는 엄마가 아니라 억울하고 자존심 상한 어린아이 같은 심정이었거든요.

존 브래드쇼라는 심리학자는 이런 심정을 상처받은 내면 아이라고 설명했어요. 어린 시절 상처받은 인격의 한 부분이 우리 내면에 자리하고 있으면서 성인이 되었을 때도 심리적인 문제를 일으킨다고 말입니다. 어린 시절 상처 때문인지는 모르겠으나 아무튼 우리는 대부분 내면에 미숙한 어린아이 같은 부분을 가지고 있지요.

초롱초롱 님이 딸아이에게 느끼는 감정 역시 엄마로서 느끼는 감정은 아닌 것 같아요. 엄마가 문제를 가진 아이에게 느끼는 감정은 보통 걱정, 안쓰러움 같은 것이지요. 그런데 내가 뭘 잘못했다고 그러는지 모르겠다, 무시 당하는 것 같아 화가 난다, 이기적으로 굴 때마다 미워진다, 이런 감정은 자식에게 느끼는 감정이 아니라 또래 친구나 자매에게 느끼는 것이지요.

혹시 첫째 아이를 어른으로, 또는 초롱초롱 님의 동생뻘로 여기는 건 아닌지 묻고 싶네요. 실제로 많은 엄마들이 첫째를 대하는 태도가 그렇지요. 첫째는 처음부터 엄마의 진정한 자식이기가 쉽지 않은 데다 동생이 태어나는 순간부터 어른으로 취급받습니다.

가만히 생각해보세요. 둘째가 태어나기 전부터 첫째를 친구나 또래처럼 대하지 않았나요? 아이가 떼쓴다든지 고집 부릴 때, 얄밉거나 분하거나 약 오른다고 느낀 적은 없나요? 아이를 야단칠 때 초롱초롱 님의 말투가 어떤지도 살펴보세요. 어른스럽게 꾸짖고 달래기보다는 싸우거나 상처주거나 비꼬는 식으로 말하지 않았나요? 저는 엄마들이 아이와 서로 상처주는 친구처럼 신랄하게 싸우는 경우를 많이 봐왔습니다. 엄마의 그런 말투를 배운 아이들은 또래 아이들보다 어른스럽고 냉소적입니다.

만약 첫째 아이를 그렇게 대했다면 동생이 태어난 뒤 아이가 느끼는 상실감과 소외감이 다른 아이들보다 더 컸을 거예요. '충격'을 받았다고 할 수도 있어요. 동생을 대하는 엄마의 다정하고 너그러운 태도를 보면서 말이지요. 그야말로 '불타는 질투심'을 느낄 수 있습니다. 엄마가 내 소유의 것들을, 그리고 내 상실감을 보살펴주지 않으니 나라도 이기적으로 나를 지켜야겠다고 생각했을 수도 있고요.

초롱초롱 님이 가족 아닌 사람들과 대화할 때 어떤 태도를 갖고 있는지도 살펴보세요. 외부 사람들에게는 친절하면서 혹시 딸에게는 지나치게 솔직했던 건 아닐까요? 밖에서 아주 친절한 사람들이 식구들에게는 무심하게 굴 수 있는데, 초롱초롱 님은 어떤가요?

이번에는 초롱초롱 님의 내면을 살펴볼까요. 초롱초롱 님은 어렸을 때 어떤 아이였나요? 만약 예의바르고 양보 잘하는 아이였다면 부정적인 감정이 상당히 억압돼 있을 거고, 욕심 많은 아이였다면 마음 깊이 죄책감이 자리하고 있겠지요. 어떤 어린 시절의 감정으로 딸아이를 가르치고 있는지 돌아보세요. '나도 다 그렇게 참으면서 살았는데 너는 왜 제멋대로니?' 하는 심정인가요? 아니면 '그러면 안 돼. 정말 나쁜 아이가 되는 거야'라는 심정인가요? 그 어떤 감정이라도, 그 어떤 경험에서 나온 교훈일지라도 그건 어린 시절 초롱초롱 님의 것이지 지금의 딸아이에게 요구할 것은 아니랍니다.

아이가 이중적인 성격을 갖게 되지는 않을까 걱정할 수는 있습니다. 하지만 당분간은 아이의 태도를 너무 문제 삼지 말고 지켜보세요. 자칫하면 아이가 부정적인 자아상을 갖게 될 수 있으니까요. "밖에서는 잘하면서 안에서는 왜 그러니?"라는 식으로 책망하지도 마세요. 그러면 아이는 밖에서의 태도를 기준점으로 삼게 돼서 자꾸 어른스러운 가면을 쓰려고 하겠지요. 우리가 어른스러워지려고 애쓸수록 내면에는 그 반대의 측면이 강렬해진답니다.

또 하나, 이제부터는 아이와 대화할 때 엄마와 아이의 관계를 분명히 하는 말투를 사용하세요. "우리 ○○이가 그렇게 말하니까 엄마가 걱정되네" "속상한 일이 있으면 엄마에게 털어놔 봐" "엄마에게는 그런 식으로 말하면 안 돼. 앞으로는 그러지 않겠다고 약속하자"라는 식으로요.

아이가 왜 그런 행동을 보이는지도 물어보세요. 엄마를 대하는 태도를 봤을 때 분명 딸아이가 화내는 이유가 있을 것 같아요. 왜 화가 났는지, 왜 욕심을 부리는지 가능한 책망하지 말고 물어보세요. 아, 그랬구나, 호응해주면서요. 어떤 의도나 편견 없이 그저 물어봐주는 것만으로 인간은 자신이 사랑받고 있다고 느낀답니다. 가끔은 의식적으로 둘째보다 첫째 딸 편을 들어주세요.

그런 노력을 기울이면서 한편으로는 따끔하게 혼내세요. 중요한 것은 어른스럽게, 엄마로서 혼내야 한다는 겁니다. 어른처럼 혼낸다는 것은 어른의 마음으로, 아이를 걱정하는 마음으로 꾸짖는 겁니다. 어른으로 혼낸다는 것은 자신감 있고 단호하게, 그러나 아이에게 상처가 되지 않도록 신경 써서 말하는 걸 뜻합니다.

초롱초롱 님의 첫째 딸이 엄마나 동생에게 함부로 하는 것은 동생처럼 엄마의 사랑을 받고 싶다는 간절한 신호입니다. 아이들은 아직 누군가를, 특히 애착의 대상인 엄마를 무시할 만큼 그렇게 당돌하거나 왜곡되어 있지 않습니다. 첫째 아이를 관심 있게 지켜봐주세요.

"
7

곧 동생이 태어날 텐데
어리광이 부쩍 늘었어요

다섯 살짜리 큰딸과 20개월 둘째딸을 키우고 있고 지금 셋째를 임신한 상태입니다. 둘째는 괜찮은데 큰애가 매일 저를 너무 힘들게 하네요. 떼쓰는 이유는 매일 다르지만 막 짜증내며 떼를 써요. 제가 돌아버릴 때까지 점점 심해지고, 말도 통하지 않아요. 때리거나 소리를 쳐야 가까스로 멈추는데, 때리지 않으면 더 심하게 떼를 써서 너무 힘듭니다. 임신까지 한 상태라 몸도 너무 힘들고, 예민해져서 그런 건 아닐까 싶은데, 하루 하루가 좌절의 연속입니다.

― 정블리맘 "

아이와 눈을 맞추고
깊게 안아주세요

> 둘째가 아직 어린데 셋째를 임신했다니 얼마나 힘들겠어요. 게다가 첫째 아이는 동생이 생기는 걸 벌써 눈치챘나 봅니다. 아이들은 동생이 생길 때 퇴행적 행동을 보이는데 첫째 아이가 아마 그런 것 같네요. 가만히 생각해보면 동생 보는 일은 엄마가 자식을 낳는 일만큼이나 감당하기 힘든 일일 겁니다. 동생이 생기는 순간 아이는 순식간에 어른 취급을 받으며 소외되니까요.

둘째는 괜찮다고 하셨는데, 어쩌면 더 타격을 받고 있는 아이는 둘째일지도 모르겠습니다. 첫째는 자신의 괴로움을 표현이라도 하는데, 둘째 아이는 감정을 드러내지 못하는 데다 언니와 엄마가 치르는 전쟁을 지켜보는 겁에 질린 목격자이기 때문입니다. 실제로 성인 내담자를 상담해보면 가족 갈등의 목격자로서 경험하는 트라우마가 적지 않답니다.

대한민국 엄마들은 집에서 정말 많은 아이들을 키웁니다. 먼저 자신이 낳은 아이들이 있고요. 피터팬신드롬 때문에 소년기에 머물러 있는 남편도 정신세계는 아이들과 똑같습니다. 그래서 남편을 '아들'에

빗대는 유머도 있지요. 그리고 마지막으로 엄마의 내면에 존재하는 아직 성숙하지 못한 심리적 아이까지, 엄마들은 돌보아야 할 아이들이 너무 많습니다.

앞으로도 몇 년은 집안이 아이들의 아우성으로 가득할 겁니다. 첫째 아이는 소외될까 두려워서 울고, 둘째 아이는 언니와 엄마의 틈바구니에서 소리 죽여 울겠지요. 또 셋째는 생존을 위해 시시때때로 울음을 터뜨릴 겁니다. 엄마의 내면에 살고 있는 아이는 또 어떤가요? 자신의 아이들을 통제할 수 없다는 두려움에, 그리고 감당할 수 없이 밀려오는 집안일에 대한 공포 때문에 계속 소리치고 화를 낼 것입니다.

정블리맘 님, 지금 당신은 대부분의 여성이 절대 돌아가고 싶어 하지 않는 혹독한 시간을 통과하고 있습니다. 육아와 가사 노동에 시달려본 엄마라면 누구나 당신의 어려움을 이해합니다. 가슴 아픈 일이지만 누구도 그 시간을 대신 살아줄 수 없답니다. 어쨌든 그 과정을 지나야 합니다. 피할 수 없는, 미숙하고 고통스러운 시간을 앞으로도 몇 년 동안 경험하게 될 겁니다.

고통스러운 경험 중에는 피할 수 있는 것과 피할 수 없는 것이 있습니다. 고통의 원인을 제거하거나 문제를 해결할 수 있는 것이 있는가 하면 뾰족한 해결책이나 요령이 없는 일도 있습니다. 여성에겐 육아의 경험이 그렇습니다. 아이를 키우면서 느끼는 육체의 고단함, 고독감, 불안, 분노와 좌절, 자책감은 피할 도리가 없습니다. 반복해서 경험할 뿐입니다. 발을 동동 구르면서 애쓰다 보면 좀 나아지는가 싶다가 다시 문제가 터지고, 그 문제에 여전히 미숙하게 대처하는 내가 보입니다. 그러면 다시 자책하고 좌절하기를 되풀이하지요. 제가 이렇게 냉정하게 말하는 것은 초보맘들이 자신이 처한 상황을 직면하기 바라기 때문입니다.

많은 초보 엄마들이 육아의 고통에서 벗어날 수 있는 방법이 뭐냐고 묻습니다. 가슴 아픈 일이지만 아이를 기르는 부모로서, 엄마로서 겪게 되는 근원적 고통에서 벗어날 방법은 없습니다. 그것은 피하는 것이 아니라 인내하면서 겪어야 하는 것인지도 모르겠습니다. 아파하면서 겪다 보면 조금씩 굳은살이 생기고 내성 또한 만들어지지요. 엄마로서의 지혜도, 너른 사랑도 생겨나고요. 아주 천천히 말이지요.

다만 조언을 드린다면 아직 오지 않은 미래를 너무 불안해하지 마세요. 인간은 포유류 중에서 유일하게 미래를 예측할 수 있기 때문에 불안도 느낀다고 합니다. 지금도 힘든데, 셋째까지 낳으면 얼마나 힘들까 하는 생각에 우울해졌을 수도 있습니다. 그런 지레짐작으로 하는 걱정이 현재를 더욱 불행하게 한다는 거 잘 알고 계시죠? 어쩌면 엄마의 그런 불안을 첫째 아이가 벌써 알아챘는지도 모르겠습니다. 남편 또는 육아도우미나 가사도우미의 협조를 적극적으로 구하고, 셋째가 태어나면 그땐 그 나름으로 견딜 수 있는 힘이 생길 거라고 낙관적으로 생각하는 습관을 들이세요.

또 하나, 큰아이를 아무리 혼내도 통제할 수 없다고 하셨지요. 그렇다면 야단치지 말고, 다른 방법을 사용해보세요. 아이의 심정을 무조건 이해해주는 겁니다. 무릎을 꿇어 아이와 눈을 맞추고 가슴을 맞대 깊게 안아주면서, "우리 딸 화가 많이 났구나. 미안해. 엄마가 네 마음을 알아주지 못해서. 그런데 엄마도 많이 힘드네"라고 얘기해보세요. 눈물을 닦아주고, 둘째 아이도 똑같이 안아주세요.

아이의 울음에 지나치게 책임감을 느끼면 마음이 무거워지고 화를 내게 됩니다. 엄마는 아이들의 모든 문제를 해결하는 해결사가 아닙니다. 책임감을 내려놓고 다만 아이의 울음을 동정어린 태도로 지켜봐주세요. 그러면 아이는 이해받았다고 생각하면서 차츰 눈물을 거둘 겁니다.

정블리맘 님, 늠름하고 지혜로운 엄마가 될 때까지 숨을 길게 고르고, 서툴게라도 엄마 노릇을 계속하세요. 곰처럼 우직한 길, 그 길이 바로 성숙한 엄마로 거듭나는 유일한 길이니까요.

"
8

아이와 놀아주는 게
마음처럼 쉽지 않아요

20개월 된 아들이 있어요. 아이 낳기 전부터 아이를 낳으면 최선을 다해 키워야겠다고 다짐했어요. 그래서 어린이집에 보내는 건 생각도 안 하고 학교 갈 때까지 제가 키우려고 했지요. 그런데 집안에 갇혀 아이만 키우려니 처음 생각했던 것과 달리 좋은 엄마가 되지 못하는 것 같아요. 책도 읽어주고, 신나게 놀아주고 충분히 사랑해주려고 했는데, 요즘은 사고 치지 못하게 아이 쫓아다니는 게 전부예요. "하지 마!" 하면서 소리 지르고 엉덩이도 때리고요.

요즘은 몸도 지치고 말수도 적어지네요. 좋은 엄마가 될 자신이 있었는데 그렇게 안 되니까 너무 속상합니다.

– 레드 "

하루에 10분,
혼자만의 시간을 가져보세요

> 부모가 든든하게 아이 곁을 지켜준다면 아이로서는 그보다 행복한 일이 없겠지요. 그런데 한 가지 놓친 게 있어요. 지극히 현실적인 문제인데요. 육아에 대해 그런 결심을 할 때는 자기 자신에 대해 생각해봤어야 합니다. 아이에게 최선을 다하기 위해 두문불출하는 몇 년의 시간을 과연 내가, 내 몸이 버텨줄 수 있는가 하는 것 말이지요.

신체심리학은 인간이 몸과 정신 또는 몸, 마음, 영으로 이루어져 있다고 봅니다. 이 차원들은 서로 긴밀하게 연결되어 있지만 종종 부조화를 겪기도 하는데요. 이를테면 정신이 자기 확신에 빠져 너무 앞서가면 마음과 몸이 뒤처지거나 더 심한 경우에는 반란을 일으킵니다. 이런 이유 때문에 우울증이나 분노가 생기기도 하지요.

보통 정신은 거창한 것, 미래의 것, 의미가 있고 멋진 것을 구상하기 좋아합니다. 그에 비하면 몸은 정신과 마음에서 일어난 것을 실천에 옮기는 역할을 합니다.

우리는 대부분 멋지고 의미 있는 것을 꿈꾸는 정신이 옳고 그걸 따라가지 못하는 몸이 잘못된 거라고 여기기 쉽지만 엄밀히 말하자면 정신이 비현실적인 것입니다. 현실적으로 구체화시킬 수 없다면 멋진 생각이나 꿈이 무슨 소용이 있을까요.

정신과 몸의 관계를 설명하기 위해서 가정이나 직장의 인간관계를 예로 들 수 있습니다. 매번 지시하고 다그치기만 하는 부모님이나 상사들에 관한 얘기를 종종 들으시죠? 그들은 아랫사람의 성향, 능력, 취향 등은 고려하지 않고 다만 자기 생각의 속도에 맞춰 아랫사람들이 움직여주기를 강요합니다. 이런 성향의 윗사람이 중심이 된 조직은 비능률적이며, 조직원들에게 고통만 안겨줍니다.

불행하게도 우리의 정신은 대부분 이런 권위적이고 일방적인 부모님, 그리고 직장 상사와 닮아 있기 때문에 어떤 신념을 가지고 목표를 세울 때는 조심할 필요가 있습니다. 정신이 "최선을 다해야 해. 그것만이 의미 있는 삶이야"라고 다그치면 처음엔 몸이 따르려고 애쓰지만 결국은 지쳐 침체기에 들어갑니다. 정신이 원칙이나 이상을 강조할수록 몸은 더 저항해서 마치 얼어붙은 것마냥 꼼짝 못하게 될 수도 있지요. 제가 보기에 레드 님은 육아에 몰두하면서 체력도 저하되고, 심리적인 활력 또한 떨어진 것 같습니다.

'오로지 아이에게만 전념해야지' 하는 생각이 자신을, 그리고 아이를 힘들게 할 수 있으니 스스로를 찬찬히 돌아보아야 합니다. 자신의 계획이 실현 가능한 것이었는지 말이죠. 먼저 부모와 아이의 관계가 일방적이지 않은지 생각해보세요. 아이에게 일방적으로 지시하고 명령하는 것도 문제지만 '오로지 아이를 위해서'라는 생각 또한 비현실이고 건강하지 않습니다.

관계란 상대와의 상호작용을 전제합니다. 어떻게 '나'가 고려되지 않는 '너'와의 관계가 있을 수 있나요. 내가 상대를 위해 애썼다면 상대도 나를 위해 참아주는 시간이 필요합니다. 아이가 조금 심심해도 괜찮습니다. 아이는 무료해하면서 혼자 놀 수 있는 뭔가를 생각해낼 거고, 엄마는 그 사이 육아에서 잠시 놓여날 수 있을 테니까요.

아이에게 엄마를 위해서 잠시 기다려달라고 요구하는 건 참으로 중요한 훈련입니다. 그것은 아이가 엄마라는 존재를 자신과 분리시켜 볼 수 있도록 하는 훈련이며, 엄마와 자신의 서로 다른 욕구를 어떻게 조율하는지 경험해볼 수 있는 좋은 기회이기 때문이죠.

그다음엔 레드 님의 기분과 성향, 참을성, 건강 등이 구체적으로 고려된 계획이었는지도 생각해봐야 합니다. 혹시 내 마음과 몸에게 무조건적인 희생과 헌신을 요구하지 않았는지 말이지요. 인간의 발달 과정에서 정신과 몸이 조화하는 단계가 가장 성숙한 단계라는 것을 잊지 않아야 합니다.

몸과 마음에게는 휴식이 필요하고 또 각자의 특성에 맞는 활력을 충전해야 합니다. 외향적인 성격이라면 친구들과 수다 떠는 즐거움을 간간이 누려야 할 것이고, 활동적인 분이라면 운동이나 춤을 취미로 가져야 합니다. 혼자 영화관이나 도서관에 갈 때 행복을 느끼는 분이라면 그 또한 시간을 내서 그 행복감을 채워주세요.

혼자 있는 시간도 만들어보세요. 《엄마의 자존감》을 쓴 메그 미커는 엄마에게 혼자만의 시간이 필요하다고 강조하면서 친구 캐리의 사례를 소개했습니다. 캐리는 정신과 수련의 시절, 노인 환자를 돌보면서 일주일에 90시간씩 일했는데, 일하다가 슬픔에 압도돼서 혼자 있을 만한 공간을 찾아보곤 했답니다. 그녀는 조용한 곳을 찾아 혼자 10분에서 30분씩 앉아 있었는데 그런 행동을 6개월 동안 하다 보니 혼자 있는 시간의 중요성을 절감하게 되었습니다. 기분이 좋아지고, 자신이 더 훌륭한 의사가 된 것 같은 기분이 들었으며, 환자들에 대해 더 민감하게 느끼면서도 더 자애로워진 자신을 발견한 것입니다.

메그 미커는 엄마 역시 하루에 단 10분일지라도 모든 소음이 사라진 곳에서 혼자 있는 시간을 가질 것을 권합니다. 아이들을 모두 재우고 난 뒤, 어린이집에 보내거나 혹은 아이들이 놀러나간 시간에 혼자만의 시간을 즐겨보세요. 명상을 해도 좋고, 글쓰기를 시도해도 좋습니다. 기분 전환을 위해 동네 카페에 나가서 음악을 듣거나 책을 읽어도 좋고요. 그 시간이 엄마 자신의 자존감과 행복감을 높이고, 아이들을 더 사랑할 수 있게 해줄 것입니다.

엄마가 아이와 자기 자신, 몸과 마음, 이상과 현실의 여러 조건을 두루 살펴서 서로 조화할 수 있도록 조절하고 협상할 수 있다면, 그래서 아이가 그런 엄마의 모습을 보면서 자란다면 아이에게 이보다 더 좋은 교육은 없을 것입니다.

"
9

아이가 엄마보다
할머니랑 아빠만 찾아요

저는 19개월 아기를 키우는 직장맘입니다. 아기는 2개월부터 어머니가 키워주셨어요. 커리어를 쌓겠다는 생각보다는 경제적인 이유 때문에 직장을 계속 다니고 있어요. 문제는 어느 순간부터 아이가 제게 오지 않는다는 거예요. 처음부터 그런 건 아니었어요. 아마 아빠랑 할머니는 다 오냐오냐 받아주고, 저는 이건 되고 안 되고를 가르치려고 자꾸 혼내서 그런 게 아닐까 싶어요. 요즘은 어린이집에 다니기 시작했는데, 적응도 잘 못해 걱정입니다. 그래서 더 할머니만 찾는 것 같고요. 아이에게 서운한데, 그런 생각이 드는 저한테 문제가 있는 건 아닌지 고민입니다. 어떻게 하면 좋을까요.

— 민준맘 "

엄마의 자리를
놓치지 마세요

> 아이 양육을 부모님에게 맡기는 직장맘들은 부모님과 역할 갈등을 일으키거나 엄마 역할에서 밀려나 소외감을 느끼는 경우가 많습니다. 초보맘이라 엄마 노릇도 익숙하지 않은데 소외감까지 느낀다면 정말 우울할 겁니다.

특히 육아에 능숙한 시부모나 친정 부모에게 아이의 양육을 맡긴 직장맘은 엄마 노릇, 엄마 역할에 적응하기가 쉽지 않습니다. 엄마가 차지해야 할 자리에 다른 어른들이 자리를 잡고 있기 때문이지요. 그럴 경우 육아의 주인공이어야 할 엄마가 밀착된 할머니와 아이 주위를 떠도는 위성처럼 겉도는 존재가 되지요.

민준맘 님은 가족 관계의 역동 때문에 엄마 자리에서 밀려났다고 생각됩니다. 어머니와 남편이 허용적인 태도를 보이니 민준맘 님이 엄격한 역할을 맡게 된 거지요. 아이를 무조건 오냐오냐 키우면 안 된다는 교육관을 가진 분일 수도 있지만 자신도 모르는 사이 관계의 균형을 맞추기 위해 그 역할을 떠맡았을 수 있습니다.

엄격한 역할로 엄마의 존재감과 권위를 지키겠다는 생각을 했을지도 모르겠습니다. 하지만 안타깝게도 엄격한 존재는 아이에게 전혀 매력이 없는 존재일 뿐입니다. 아이가 할머니만 찾는 이유는 아마도 민준맘 님이 얘기한 것처럼 엄마가 다른 양육자들에 비해 엄격하기 때문인 것 같네요.

마음이 여리거나 자기 경계선이 약한 사람은 가족 간 역학 관계에 휩쓸리곤 합니다. 이들은 어린 시절부터 관계의 균형을 맞추기 위해 자신을 희생하려는 태도를 보입니다. 예를 들어, 아버지나 어머니의 역할이 비어 있는 가족 내에서 아주 어렸을 때부터 엄마나 아빠 또는 엄마의 남편 역할을 대신하는 자식이 있습니다. 가족 관계의 균형을 맞추기 위한 거의 본능적이고 무의식적인 노력이지요. 그런 아이들은 어른스럽다거나 착하다는 칭찬은 많이 듣지만 정작 본인은 아이로서 자신의 인생을 살지 못합니다. 그런 점에서 희생입니다.

이런 아이들은 성인이 되어서도 대부분의 인간관계에서 어머니나 아버지 노릇을 자처하는데, 상대가 그 역할을 좋아하든 그렇지 않든 이유를 알 수 없는 공허함과 피해의식에 시달립니다. '난 뭐지?' '내가 왜 이러고 있지?' '왜 사람들은 나를 이렇게 이용하지?' 하는 생각을 하면서요.

민준맘 님, 누군가 아이의 엄마 역할을 차지하고 있더라도 자신이 엄마라는 사실을 잊지 마세요. 다른 누군가가 정서적인 역할을 하고 있든 말든 엄마로서의 따뜻함은 잃지 마세요. 아이와 정서적으로 교감하고 또 그런 것들을 즐기세요. 아이가 너무 버릇없이 길러진다고 생각하면 엄마로서 아이에게 베풀 수 있는 사랑이 제약됩니다.

　더 솔직하게 말씀드린다면, 엄마인 민준맘 님의 내면 아이가 할머니와 남편에게 사랑받고 있는 아이를 질투 어린 시선으로 바라보고 있는 것인지도 모릅니다. 만약 어린 시절 당신이 받아보지 못한 사랑이라면 말이지요. 아이를 향한 한없이 허용적인 사랑이 민준맘 님에게는 낯설고 불편하게 느껴졌을 수도 있고요.

　육아는 따뜻함과 엄격함이라는 두 가지 얼굴을 동시에 지니고 있습니다. 아이를 따뜻하게 대하고 공감을 잘해주면서도 어떤 한계를 넘어갈 때는 엄격하게 제재할 수도 있습니다.

　물론 유아기의 아기를 키울 땐 최대한 너그러운 육아 태도를 지녀야 합니다. 아주 어린아이들은 자신에게 가해지는 처벌이 무슨 의미를 가지는지, 즉 이유가 무엇인지 모를 테니까요. 그렇더라도 궁극적으로는 한 명의 부모에게 따뜻함과 엄격함이 공존해야 합니다. 그중 하나의 역할만 떠안으면 소외될 수 있답니다.

　이제 관계의 역동에서 빠져나와 굳건하게 엄마의 자리를 지키는 연습을 해보세요. 아이의 엄마라는 사실을 잊지 말고 엄마로서의 자신감을 가지세요. 내가 관계에서 주인공이 되기 위해서 누군가를 주인공 자리에서 끌어내려야 하는 건 아닙니다. 그냥 민준맘 님이 당당하게 중심이 돼서 아이를 바라보세요. 그러면 관계는 자연스럽게 재조정될 겁니다. 관계는 상대적이며, 계속 움직이는 것이니까요.

　엄마인 내가 아이를 바라보지 않고, 아이가 좋아하는 사람만 바라보게 된다면 이상한 권력 싸움에 휘말리게 됩니다. 질투와 원망과 오해가 얽힌 가족 간의 싸움을 다룬 TV 드라마가 된다는 점을 잊지 마세요. 무엇보다 지금, 부모로서 해결해야 할 현실적인 일들이 있다는 점도 인식해야 합니다. 지나치게 오냐오냐하는 아빠와 아이 교육에 대해 얘기를 나누고, 엄격한 역할을 나눠 맡아줄 것을 요구하세요.

또 아이가 어린이집에 잘 적응하지 못하고 있다고 하니 서둘러 어린이집 선생님을 만나 의논해야겠네요. 아이에게 어린이집을 어떻게 생각하는지 묻고 어눌한 아이의 말에 귀 기울이는 시간을 갖는 것도 필요합니다. 결국은 알아듣지 못할지라도 아이 눈높이에 맞춰 이야기를 들어주려고 애쓰는 엄마의 모습에서 아이는 신뢰를 경험할 테니까요.

어쨌든 민준맘 님, 너무 초조해하지 마세요. 엄마 노릇은 1~2년만 하고 마는 단거리 달리기가 아니랍니다. 엄마 역시 사람인지라 자식의 사랑을 받고 싶은 마음이 간절한 게 사실이지만 긴 생애 주기에서 보자면 자식과의 관계는 멀어졌다 가까워졌다를 반복합니다. 지금은 아이가 엄마와 좀 소원해질 시기인가보다 생각하세요. 언젠가 그 소원함을 보상받을 만큼 친밀해지는 날이 올 거예요.

"
10

아이 교육 문제로
남편과 늘 부딪쳐요

내년이면 아이를 유치원에 보내야 하는데, 저는 무리를 해서라도 영어 유치원에 보내고 싶어요. 헌데 남편은 영어 유치원에 보낼 필요가 없다는 거예요. 영어 생활권에 살지 않는 한, 그만큼의 효과를 볼 수 없다는 거죠. 또 아이를 위해서 사는 전집 등을 보고서도 늘 한마디씩 토를 달아요. 한꺼번에 그 많은 책을 살 필요가 뭐가 있느냐는 거죠. 아이가 학교에 입학한 뒤에 남편과 교육관이 달라서 계속 부딪칠까 걱정입니다.

- 쑥쑥맘 "

아이 교육,
아이에게 물어보세요

> 아이 교육에 대해 나름의 계획이 있는데 남편이 자꾸 반대를 하니 거슬리나 봐요. 일관된 방법을 제시하고 이끌어도 모자랄 판에 남편의 참견이 아내의 의욕에 찬물을 끼얹으니 걱정될 겁니다. 요즘 유행하는 유머에 '아이를 일류 대학에 보내는 데 필요한 세 가지 조건'이라는 게 있죠. 엄마의 정보력, 할아버지의 경제력, 그리고 마지막 조건이 아빠의 무관심입니다.

참으로 희한하게도 교육관에서 아내와 남편은 차이가 있는 것 같아요. 교육열이 강한 쪽은 대부분 아내인 반면 남편은 교육의 자연주의자가 되죠. 그냥 내버려둬라. 나 알아서 하게 되어 있다. 뭐 이린 식으로요. 아빠의 주장이 나름 인간적인 교육론으로 보이지만 요즘 같은 세상에서 무조건 그냥 놔두라는 태도는 솔직히 현실성이 없어 보이기도 합니다.

그런데 혹시 그 교육관의 차이 때문에 아이가 보는 앞에서 부부간에 언쟁을 하지는 않나요? 그런 일이 일어나지 않도록 노력해야 합니다. 아이가 자신의 공부 방법에 대해 의구심을 갖거나 혼란스러움을 느끼는 것은 좋지 않으니까요.

두 분 다 아이 교육에 대해 나름의 철학과 관점을 갖고 있다는 점은 나쁘지 않습니다. 아이 교육에 대해 미리 준비하고 있다는 소리로 들리니까요. '아빠의 무관심'이 우스개로 회자되더라도 아빠는 아빠로서 아이 교육에 관심을 갖는 것이 바람직합니다. 자식 교육에 무관심한 아빠, 돈 벌어다 주는 역할에 국한된 아빠를 보면서 아이가 건강한 아버지상을 갖기는 어려울 테니까요.

그렇지만 쑥쑥맘 님 부부가 아주 결정적인 문제를 놓치고 있다는 생각이 드네요. 그건 바로 아이의 특성과 상황입니다. 아이들은 성격 특성에 따라 각기 다른 공부 방식을 갖고 있습니다. 그래서 부모가 아이의 특성을 이해하기 전까지는 어떤 교육관이나 교육 방식도 강요해서는 안 됩니다.

아이를 키워본 분들은 아시겠지만 부모가 아무리 용의주도하게 계획을 세워도 그게 아이에게 맞지 않을 경우 학습 능력이 향상되기는커녕 공부에 대한 아이의 관심과 의욕을 초기에 꺾어버릴 수도 있습니다. 어떤 아이는 엄마의 엄격한 지도에 곧잘 따라오는가 하면 어떤 아이는 공부를 강요 당하면 되레 퇴행 증상을 보입니다. 어떤 아이는 주입식이 곧잘 맞는가 하면 또 어떤 아이는 체험과 놀이를 통해 배워야만 흥미를 느끼지요.

쑥쑥맘 님은 자신의 아이가 어떤 아이인지 알고 있나요? 아니, 아이가 어떤 성격적, 인지적 특성을 지녔는지 궁금해한 적이 있나요?

많은 엄마들이 자신이 어떻게 아이를 가르칠 것인지에 대해서는 열의를 불태우지만 정작 자신의 아이가 어떤 아이인지, 어떤 특성을 지니고 태어났는지는 알려고 하지 않습니다. 아이에게 바라는 게 무척 많지만 지금 내 아이가 어떤 아이인지에 대해서는 관심을 갖지 않습니다.

특히 아이가 보이는 특성이 부모가 바람직하게 생각하는 것이 아니라면 없애려고 노력합니다. 여러 가지 제재를 통해서 말이지요. 그러나 인간이 갖고 태어난 특성은 그리 쉽게 없어지지 않으며 자연스럽게 북돋아주지 않으면 오히려 왜곡된 성격을 만들 수도 있습니다. 자신의 방식을 밀어붙였다가 아이가 적응하지 못해 낭패를 보게 될 수도 있고요.

다시 말씀드리지만 부모가 아이의 교육에 대해 내놓은 이런저런 의견이 아이의 특성을 고려하지 않은 것이라면 그 무엇이라도 탁상공론에 불과합니다. 쑥쑥맘 님과 남편이 주장하는 바는 세상에 알려진 수많은 교육 정보 중 하나일 뿐입니다. 그것도 쑥쑥맘 님 부부 각자의 색인경으로 길러진 깃이겠지요.

실제로 아이를 성공적으로 기를 수 있다는 주장과 정보가 세상에 넘쳐납니다. 동네 문화센터를 가도 아이들의 지능과 학습 능력을 높여준다고 장담하는 다양한 프로그램이 있고 관련된 책도 엄청나게 쏟아져 나오고 있습니다. 아이를 성공적으로 길렀다는 엄마들의 육아서는 또 얼마나 많은지요. 그러나 장담하건대 그 모든 방식은 모든 아이에게 적용될 수 없고, 또 적용되어서도 안 됩니다. 아이들은 다양한 유형으로 나뉘고, 또 같은 유형일지라도 발달 속도가 다 다르기 때문입니다.

영어 학원을 보낸다든지, 동화책을 전집으로 사주는 건 좋습니다. 그러나 아이가 엄마의 방식에 곧잘 따라오는지 늘 예의주시하세요. 영어 배우기를 좋아하고 또 실력이 늘어나는지, 책을 전집으로 사줄 때도 책 읽기에 호기심을 느끼는지 잘 살펴야 합니다. 남편의 주장을 참고하는 것도 좋습니다. 남편의 방식이 아이에게 더 효과적일 수도 있으니까요. 하지만 모든 양육 방식과 태도의 기준점은 아이여야 합니다.

제가 한 가지 우려하는 것은 많은 엄마들이 자기실현의 한 방편으로 아이 교육에 매달린다는 겁니다. 이들은 자신의 유능감을 발휘하고 증명하기 위해 아이를 성공시키려고 합니다. 요즘 엄마들은 대부분 학력이 높아 더 그런 생각을 많이 하는 것 같습니다. 자신의 지식과 능력을 아이 교육에 쏟아붓는 것이지요.

하지만 아이와의 관계에서 부모는 발달 과정을 조심스럽게 지켜보는 관찰자이면서 필요한 일에만 도움을 주는 조력자여야 합니다. 아이가 부모보다 한 발 정도 앞서 나가게 해주세요. 그래야 아이가 생의 의욕을 잃지 않고 자기 길을 개척해나갈 수 있습니다. 부모가 자신의 유능함으로 아이의 삶을 대신 살지 마세요. 부모가 능동적일수록 아이는 자신의 인생에서 소외됩니다.

버지니아 사티어는 《가족 힐링》이란 책에서 아이를 씨앗에 비유했습니다. "어쩌면 부모의 가장 큰 숙제는 정성껏 씨앗을 심고 그 씨앗이 어떤 종류의 식물로 자라나는지 지켜보며 기다리는 것일지도 모른다. 이때 아이가 어떻게 되어야 한다는 선입견을 버리는 게 목표다. 대신 부모는 식물이 그 자체로 고유하다는 사실을 인정해야 한다. 자녀는 양쪽 부모 및 다른 인간들과의 공통점뿐만 아니라 차이점도 지니게 될 것이다. 그렇기 때문에 부모는 발견자 또는 탐험가가 되어야 한다. 시간과 끈기를 갖고 관찰력을 발휘한다면 세상에 태어난 새로운 보물에 대해 알아갈 수 있다."

훌륭한 교육은 어른들의 의견과 주장으로 만들어지는 것이 아니라 아이를 잘 관찰하고 그 특성을 있는 그대로 수용하는 것에서 시작한다는 점 잊지 마세요.

아이 맡긴 죄인,
아이 선생님과 대화하기 꺼려져요

29개월 아들을 키우고 있어요. 몇 달 후 복직 예정이라 얼마 전부터 아이를 어린이집에 보내서 적응시키는 중이고요. 아들은 어린이집 가는 걸 좋아하는데 문제는 저와 어린이집 선생님과의 관계예요. 아이가 아직 배변 훈련이나 식사 습관 등이 익숙지 않은데 볼 때마다 이를 지적하고 우리 아들보다 생일이 늦은 아이들도 잘한다며 은근 비교도 자주 합니다. 화가 나서 따끔하게 한마디 하고도 싶지만 '아이 맡긴 죄인'이라 괜히 선생님 앞에서는 주눅만 드네요. 아이는 아무 문제없는데 제 스트레스가 심해 어린이집을 옮겨야 하나 이런 생각까지 들어요. 어쩌면 좋을까요?

― 민이맘

엄마 책임일까
두려워하지 마세요

> 민이맘 님의 얘기를 들으니 어린이집 선생님과의 대화에서 뭔가 중요한 점이 빠졌다는 생각이 드네요. 우선 어린이집에서 보이는 아이의 배변과 식사 습관이 어떤지, 선생님 생각에는 무엇이 문제라고 생각하는지를 들었어야 하고, 이에 대한 민이맘 님의 의견이나 평소 양육 철학을 선생님과 나누었어야 합니다. 아이의 배변이나 식사와 관련한 훈련은 발달 과정에서 중요한 문제니까요. 어쩌면 선생님이 아이의 흠을 잡으려고 했다기보다는 그 부분에 대해 엄마와 집중적으로 얘기 나누길 원했는지도 모르겠습니다.

정작 짚고 넘어가야 할 중요한 문제는 건너뛰고 막연하고 사소한 불편감에 매달려 전전긍긍하는 것이 소심한 우리의 자화상입니다. 상대에 대한 막연한 불편감, 불쾌감 등은 나 자신에 대한 불안감의 다른 얼굴일 수 있습니다. 나의 결정적인 잘못과 비리가 드러날까 봐, 문제의 책임이 내게 있을까 봐 마음 깊은 곳에서 두려워하는 것이지요. 심리적으로 늘 위축되어 있고, 문제가 생길 때마다 '내 탓인가?' 하면서 습관적으로 자책하는 사람들의 이야기입니다.

이런 사람들이 상대에게서 부정적인 이야기를 들으면 대충 두 가지 태도를 보입니다. "어머, 제가 또 뭔가 잘못했나요? 정말 죄송합니다"를 반복하면서 지나치다 싶을 정도로 미안해하고 쩔쩔매는 것이 첫 번째 태도입니다. 강한 사과는 '내가 사과했으니 더 이상 나를 공격하지 마세요'라는 무의식적 의도를 갖고 있습니다.

반대로 무조건 거부감부터 느끼기도 합니다. 누군가 자신에게 심각한 표정으로 얘기를 건넨다 싶으면 그 상황에 맞지 않는 과도한 분노가 치밀어 올라 과잉 대응을 하게 되지요. '난 잘못한 적이 없는데 나한테 왜 이러는 거예요?' 하는 심정입니다. 물론 이런 태도에도 상처받기 싫은 자기 방어의 심리가 숨어 있습니다.

대부분은 이 두 가지 모습을 동시에 보일 겁니다. 비굴하게 느껴질 정도로 사과하고 집에 돌아와서는 속상해하지요. 아마 이들의 마음속에는 억울하게 비난당한 것에 대한 피해의식과 또 다시 그런 일이 벌어질 것에 대한 두려움이 켜켜이 쌓여 있을 것입니다. 억울함과 피해의식이 많을수록 자기방어 태도는 거의 반사적으로 취해지기 때문에 통제하기도 쉽지 않습니다.

이런 태도의 가장 큰 문제는 효과적인 대화를 불가능하게 한다는 데 있습니다. 그것이 사과든 반발이든 상대의 말문을 막을 수 있고, 또 상대가 무슨 얘기를 해도 너무 긴장해서 잘 듣지 못합니다. 상대의 말을 대충 흘려듣고 자기 식대로 판단한 뒤 상대를 원망하고 불편해할 뿐이지요. 그렇게 되면 상대가 하는 말을 알아들을 수 없고 문제를 해결할 수도 없게 됩니다. 상대는 계속해서, 더 높은 강도로 불만을 토로하겠지요.

이럴 때 해결책은 자기 마음속에 있는 두려움에게 "괜찮아"라고 말해주는 것입니다. 야단맞을까 두려워 귀를 막고 머리를 세차게 흔들고 있는 내면의 아이에게 "많이 긴장했구나. 괜찮아. 잘못했어도 괜찮아"라고 반복해서 말해주세요.

자기 비난이 강한 사람일수록 세상의 비난에 민감해져서 제대로 대응하지 못하게 됩니다. 상대도 나처럼 자신을 날카롭게 비난할까 두렵기 때문입니다. 그러니 그 두려워하는 마음을 위로해주세요. '이젠 나를 비난하지 않을 거야'라고 스스로에게 약속하면 더 좋겠지요.

세상의 어떤 비난에도 주눅 들지 않으며, 자기 자신을 믿고 보호해줄 수 있는 굳건한 사람은 상대의 부정적 태도에 주의 깊게, 그러나 의연하게 대응합니다. 상대의 이야기를 듣고 난 후에 대응해도 충분하기 때문입니다. 민이맘 님은 '아이 맡긴 죄인'이라고 하셨는데, 물론 아이를 맡긴 선생님에겐 조심스러운 대응이 필요하지만 그렇다고 해서 죄인일 필요는 없습니다. 민이맘 님과 아이는 선생님에겐 고객이니까요.

민이맘 님, 선생님을 만나면 가슴을 당당하게 펴고, 아이 문제를 진지하게 나눠보세요. 선생님과 아이의 관계에서 아이를 주의 깊게 관찰하고 보호하는 일은 부모에게 매우 중요한 일이니까요. 우선 선생님의 생각을 충분히 들어보세요. 그런 다음 선생님이 아이의 식사 습관이나 배변 습관 때문에 불편함을 겪고 있는 게 있는지, 그 밖의 적응은 잘하고 있는지도 물어보세요. 엄마가 선생님의 이야기를 진지하게 들어주면 선생님도 아이에 대해 신중하고 조심스럽게 말하게 될 겁니다. 그렇게 선생님의 이야기를 충분히 들어보면 생각보다 그리 큰 문제가 아니라는 것을, 선생님이 아이나 엄마를 비난하려는 게 아니었음을 알게 될 겁니다.

만약 육아 과정에 문제가 있었다 해도, 그래서 그게 민이맘 님의 책임이 될지라도 부끄러움이나 수치심에 너무 강하게 휘둘릴 필요는 없습니다. 제가 누누이 반복하는 얘기지만 많은 엄마들이 자신의 무능함과 미숙함을 수없이 확인하며 살아갑니다. 그럴 때 자신의 미숙함을 인정하되 비난하지는 마세요.

우리는 종종 괜찮다고 자부할 수 있는 일에 대해서만 자신을 용서하려고 합니다. 그런데 정말 용서가 필요한 일은 남들이 비난하는 문제에 대해서입니다. 자신이 미숙하고 무능해도 받아들일 수 있을 때, 자기 비난 없이 미숙함과 무능함을 인정할 수 있을 때 그때 비로소 진정한 자기 용서가 이루어집니다.

게다가 세상의 모든 사람들, 심지어 그 선생님조차 미숙하고 부족한 부분이 있으며, 그에 대한 불안감을 느끼고 있답니다. 의견을 충분히 나눈 뒤에도 좁혀지는 것이 없다면 그때 가서 어린이집을 옮겨도 늦지 않습니다.

"
12

이론과 실전이 너무 다른 육아,
아는 만큼 마음이 두 배로 불편합니다

33개월, 7개월 딸을 키우는 엄마입니다. 유아교육을 전공하고 상담 석사까지 받은 터라 각종 육아에 대한, 특히 아이 심리에 대한 교육을 많이 받았어요. 그게 아니더라도 요즘은 TV나 책, 광고 등에서도 문제가 생겼을 때 아이의 심리는 어떠한지, 또 아이를 어떻게 대해야 하는지 많이 소개되고 있지요.

저는 첫째도 어린이집에 보내지 않고 두 아이를 온전히 혼자 키우고 있어요. 그런데 요즘 들어 첫째 아이에게 저도 모르게 벌컥 화를 내는 일이 잦아졌어요. 화를 낸 뒤엔 아이의 마음이 어떨지 너무나도 잘 알기 때문에 스트레스가 몇 배나 더 심합니다. 정말이지 모르는 게 약이라는 마음이 들 정도입니다.

– 나비맘 "

멋진 엄마가 되려 하지 말고
건강한 엄마가 되세요

> 융 학파의 대표적인 심리학자인 폰 프란츠의 얘기로 시작해볼게요. 폰 프란츠가 유럽을 여행하다가 이탈리아 여성이 운영하는 한 여관에 묵었답니다. 그 여관 주인에겐 아이가 12명이나 있었는데요. 아이들 돌보랴, 여관 관리하랴 몸도 마음도 바쁘고 스트레스도 많았겠죠. 그래서인지 그녀는 분주하게 일하면서 아이들에게 끊임없이 소리 지르고 머리를 쥐어박고 하더랍니다.

심리학자이고 상담가였으니 프란츠는 그런 엄마 밑에서 자라는 아이들의 상태는 어떨까, 당연히 궁금해졌겠지요. 그래서 아이들을 유심히 지켜봤는데 아주 밝고 건강해 보였다네요.

폰 프란츠는 반면 훌륭한 엄마, 교양 있는 엄마가 되기 위해 부단히 노력하면서 자신의 본능을 억누르면 엄마 자신도 불행할 뿐 아니라 아이도 건강할 수 없다고 이야기합니다. 엄마의 억압된 측면에 반응해 아이가 엄마에 대한 부정적인 이미지를 가질 수 있고, 아이 내면에 자연스럽지 못한 모성상이 자리 잡는다면 성장해서도 좋은 엄마가 되는 데 어려움을 겪을 수 있으니까요.

결론적으로 말씀드리자면 양육 태도가 어떻든 엄마가 심리적으로 건강하고 아이들을 사랑하면 아이들도 건강합니다. 그러니 나비맘 님, 자신의 양육 태도를 걱정하기보다 아이에 대한 자신의 사랑을 믿어보는 건 어떨까요?

요즘은 아이의 양육과 교육이 뜨거운 관심사여서 대학에서 관련 분야를 전공한 부모도 많고 관련 지식에 해박한 엄마도 많아졌어요. 이론이란 것이 그 특성상 논리의 정합성을 추구하다 보니 완벽주의자 엄마에겐 참 매력적으로 보이기도 할 것입니다. 하지만 중요한 건 우리의 현실 조건이 그렇게 완벽할 수 없으며, 변수가 너무 많다는 거예요. 우리는 모든 조건이 제거된 실험실에서 아이를 키우는 게 아니거든요. 나비맘 님의 고민처럼 현실과 이론의 괴리가 굉장히 클 수밖에 없지요.

요즘 유행하는 대부분의 교육학과 심리학이론은 아이들을 깨지기 쉬운 유리 그릇쯤으로 여겨서 그들의 심리적 상처에 대해 강조하길 좋아합니다. 하지만 우리 인간에게 어려움과 상처가 없다면 성장하고 성숙하는 데 한계가 생깁니다. 인간의 역사는 한마디로 고난과 상처의 역사이며, 그것을 극복하고 치유하는 과정이 바로 개인의 성장사였다고 할 수 있습니다.

교육이론과 심리학이론의 또 다른 맹점은 부모와 아이가 가진 특성과 개성을 고려하지 않고 저마다 한 가지의 자기주장만 하고 있다는 것입니다. 하지만 인간은 타고난 성격 유형도 제각각일 뿐 아니라 성장 배경도 차이가 있습니다. 장담하건대 모든 성격 유형의 사람들을 아우르는 교육 이론이나 심리학 이론은 없습니다.

그래서 요즘은 아이들의 성격을 검사해서 각각에 맞는 교육 방식과 학습 방법을 알려주기도 하는데요. 문제는 그 아이들을 기르는 부모의 성격이 다양하다는 겁니다. 예를 들어, 호기심 많은 아이의 지적인 욕구를 충분히 채워줄 수 있는 부모도 있지만 그런 부분에 대해선 전혀 관심도 없고, 역량도, 의지도 없는 부모도 있습니다. 물론 그 부모는 다른 장점이 있겠지요. 이처럼 이론은 세상의 그 수많은 변수와 조건의 조합과 그 결과에 대해 결코 설명해줄 수 없답니다. 어떤 이에게 맞는 이론이 나에겐 맞지 않을 수 있다는 것이지요.

많은 양육 이론이 저마다 이상적 양육 과정이나 교육 과정을 제시하면서, 아이 키우기를 엄마 하기 나름인 것처럼 강조하지요. 그러나 또 많은 선배 엄마들은 이야기합니다. 자식은 내 마음대로 되는 게 아니라고요. 한 아이가 자기 내면에 어떤 성장 지도를 가지고 있는지, 그리고 어떤 자극에 따라 성장이 촉진되거나 꺾이는지를 모두 알고 있는 이론은 없습니다. 사실 모든 인간심리학은 가설에 지나지 않습니다. 심리라는 눈에 보이지 않는 것을 연구 대상으로 하기 때문에 연구 결과가 더더욱 다양합니다.

나비맘 님, 이론을 기준으로 삼아 자신의 사랑을 점검하고 의심하고 폄하하지 마세요. 그러면 엄마가 위축되고 불행해지며 결국 아이들도 행복할 수 없답니다. 이젠 반대로 현실의 나와 현실의 아이들을 기준으로 삼은 뒤 현실에서 배우고, 이론은 참고만 하세요.

나비맘 님의 아이들에게 어떤 특성이 있는지, 자신은 어떤 엄마이며, 무엇을 잘할 수 있고 어떤 것에 취약한지 현실의 관계를 통해 파악하세요. 엄마란 모름지기 이러저러해야 하며, 올바른 양육 태도는 또 어떠해야 하는지에 대해 그동안 가지고 있던 논리적인 주장을 슬쩍 내려놓으면 의외로 후련할지도 모릅니다. 이제부터 이론가가 아니라 살아 있는 삶의 현장에서 배우는 현장 체험가가 되는 겁니다.

엄마로서 실수를 저지르는 게 아닌지 종종 불안해진다면 가끔은 아이들에게 이렇게 유쾌하게 털어놓으세요. "엄마가 서툴러서 자주 실수를 하네. 하지만 엄마는 정말 노력하고 있단다!"

나도 몰랐던 내 감정 때문에
상처받지 마세요

자식을 사랑하듯이, 아이의 존재를 무조건적으로 긍정하고 수용하듯이
여러분 자신에 대해서도 그렇게 하세요.
사실 우리가 자식보다 더 사랑해야 할 대상이 바로 자기 자신입니다.
이 험난하고 이기적인 세상에서 내가 내 편이 되어주지 않는다면
누가 내 편이 될 수 있을까요?

Chapter 3

"
1

행복하다가도
문득 우울해져요

요즘 아이를 키우면서 한없이 행복하다가도 문득 우울해집니다. 학창시절부터 쭉 우등생, 모범생으로 살아왔고, 서울대를 졸업하고 미국에서 석사를 땄고, 귀국해 대기업 연구원으로 있었어요. 몇 년간 일하다가 다시 서울대에서 박사과정을 밟았으니 주변에서는 '엄친아'로 불렸죠. 박사과정을 밟던 중 임신을 했고 지금은 휴학 상태예요. 애교 많은 아이를 보면서 엄마라는 이름이 이렇게 소중하다는 걸 매일 깨닫고 있어요. 남편이 미운 짓을 해도, 이제는 아이 보면서 결혼생활을 유지할 수도 있겠다는 생각도 들고요. 아들 하나만으로 세상을 다 얻은 것 같았는데, 요즘 갑자기 제 삶에 대한 회의가 들어요. 회사에 다니는 친구들도 만날 수 없고, 집에 오는 손님이라 봤자 시댁 식구와 친정 엄마뿐이니 외톨이가 된 느낌이네요. 얼마 전에 아이 안고 모임에 나갔는데, 아이가 어찌나 칭얼거리는지 친구들과 어울릴 수 없었어요. 눈물이 나더군요. 우울증인가 싶지만, 분명 저 행복하거든요. 왜 이런 기분이 드는 걸까요?

— 토끼언니 "

엄마의 잃어버린 자아,
아이에게 보상받으려 하지 마세요

> 아이 키우기가 행복하다니 정말 다행입니다. 아이를 낳고도 육아가 받아들여지지 않아 우울증을 앓는 여성이 참 많은 세상이니까요. 맞습니다. 부모가 되어 사랑스러운 아이와 함께하는 시간은 정말 행복합니다. 아이의 순진무구함, 평화로움, 사랑의 힘에 푹 빠져들기도 하고, 또 날로 변화하는 모습을 보며 기적을 실감하기도 하지요. 그 기쁨을 온전히 누리시는 것 같아 보기 좋습니다.

하지만 그 기쁨에도 대가가 따릅니다. 성공적으로 사회생활할 때 느꼈던 커다란 자부심과 많은 기득권을 포기해야 하니까요. 육아의 기쁨과 사회적인 성취, 그 두 가지를 모두 완벽하게 가질 수 없는 게 대한민국에 사는 성인 여성이 치러야 하는 대가입니다. 슬프게도 말이지요.

토끼언니 님, 두 가지를 모두 가질 수 없다면, 그리고 지금 누리는 한 가지 기쁨이 적지 않다면 지금의 상황을 충분히 받아들이세요. 한때 잘나가던 삶의 기억을 과감하게 놓아버리세요. 그러고 나면 새로운 관계와 새로운 환경이 만들어져서 소외감이나 외로움을 달래줄 수도 있습니다.

다만, 한 가지 알아두어야 할 것이 있습니다. 아이를 키우며 느끼는 지금의 기쁨이 영원하지는 못할 거라는 사실입니다. 아이가 엄마의 노고와 의지에 반하기 시작하고, 엄마 품에서 벗어나고자 하면 엄마는 당황하고 흔들리고, 엄마라는 역할에 대해 회의하게 될 테니까요. 그땐 잠시 미뤄두었던 토끼엄마 님 자신의 과제, 그러니까 학위 과정의 완성이나 직장생활의 가능성 등에 다시 관심이 갈지도 모릅니다. 더 이상 외면할 수 없는 부부 문제가 제기될 수도 있습니다.

그러니 아이 키우는 기쁨으로 남편과의 관계든 사회생활이든 그 모든 것을 보상받을 수 있을 거라고, 세상을 다 얻은 것 같다고 장담하지는 않았으면 합니다. 장담이 지나치면 억지를 부리게 되고, 아이 키우는 기쁨에 자꾸 집착하게 됩니다. 괜찮아. 난 괜찮다고. 괜찮아야만 해! 나는 아이만 있으면 돼! 이렇게 말이지요. 그러면 그 반대편의 영역이 건강하게 표현되고 해소될 가능성을 잃어버리게 된답니다.

반대편 영역이란 게 무엇일까요? 아이를 키우면서도 만족될 수 없는 자신만의 영역, 자기만의 기쁨 같은 것을 추구하고자 하는 욕구나 생각입니다. 현재는 아이를 키우느라 그런 욕구와 생각이 좌절되었을 테고, 그래서 내면의 다른 한편은 무척 우울해하고 있을 것입니다. 그 부분을 인정해주세요.

그리고 이런 식으로 자신을 열어두세요. 엄마가 된 나는 행복해하고 있지만 또 다른 나는 슬퍼하고 아쉬워하고 있어. 그 슬픔과 안타까움이 아주 커진다면 다시 공부를 시작하고 직장을 구하거나 나만의 것을 찾아 나설지도 몰라. 그런 삶이 펼쳐진다면 또 기꺼이 받아들일 거야. 부부 관계도 기회가 된다면 좀 더 만족스럽게 발전시켜 볼 거야. 그렇게 모든 가능성을 열어두어야 당신이 어떤 선택을 해도, 그리고 그 선택을 바꾸더라도 좌절감을 느끼지 않습니다.

학업도, 직장도, 그리고 부부 관계도 모두 토끼언니 님 자신의 것이며, 당신의 풍요로운 삶을 위해 더 없이 중요한 것들입니다. 실제로 육아와 자신을 위한 일은 양자택일해야 하는 게 아닙니다. 아이에 대한 사랑과 남편에 대한 사랑도 마찬가지입니다. 오히려 두 가지 모두를 선택하고, 노력할 때 서로 시너지를 내지요. 아이만 있으면 다 돼, 아이를 잘 키우려면 내 생활을 접어야 해처럼 '이것 아니면 저것'과 같은 생각은 우리가 성숙할수록 지양해야 할 사고방식입니다.

당신의 감정을 늘 보살펴주세요. 아기를 보살피듯 토끼언니 님 내면도 똑같이 섬세하고 정성스럽게 말입니다. 인간의 생각과 감정이란 하나가 아니며 시기와 상황에 따라 늘 변화합니다. 변화하면 그 변화의 소리에 귀 기울이고 그에 따라 삶의 방향을 바꿔줘야 한답니다.

"
2

아무것도 모르는 6개월 아이에게
폭발하듯 화가 나요

엄마와 아빠를 반반 닮고 잘 웃는 딸아이가 너무 예쁘고 사랑스럽습니다. 그런데 잠투정이 너무 심하고 재워주지 않으면 절대 자려고 하지를 않아요. 평소에는 잘 웃으며 놀아주다가도 재울 때 투정을 심하게 부리면 참다 참다 결국 못 참고 아기에게 버럭 화와 신경질을 내게 돼요. 애가 잠투정을 하면서 내는 앓는 소리가 저는 너무 듣기 싫고 심할 땐 미쳐버릴 것 같아요.

"야! 분명히 졸리다고 하품하고 눈, 귀 비볐잖아! 그런데 왜 못 자는 거야! 도대체 어쩌라고! 조용히 해! 듣기 싫단 말이야!"

겨우 6개월 된 아이에게 화풀이를 하듯 화를 쏟아내면서 소리도 지르고 엉덩이도 때리고 어떨 때는 제 분에 못 이겨 애를 잡고 마구 흔들기도 합니다. 그리고 나서는 아이 재우기를 포기하고 내려놓으면서 애 얼굴 보기가 싫어서 돌아앉곤 합니다. 화가 안 가신 엄마 얼굴을 애한테 보여주고 싶지 않기도 하고 눈을 맞추기도 두려웠던 것 같아요.

이러다 우리 아이한테 나쁜 기억을 심어주면 어쩌나, 우리 애가 다른 사람 눈치를 보며 자신감 없는 아이로 자라면 어쩌나, 아니면 소위 말하는 다중인격이 되면 어쩌지 하는 걱정에 고치려고 노력하는데도 막상 그 상황이 되면 또 못 참고 화를 냅니다.

제가 아직 엄마 준비가 덜 된 걸까요? 아니면 제가 다중인격인 걸까요? 생각해보면 성질 급하고 화를 잘 냈던, 그래서 제가 몹시도 싫어했던 아버지 성격을 그대로 닮은 것 같습니다.

어떻게 하면 화가 나는 상황에서 마음을 가라앉힐 수 있을까요? 그리고 화가 나려고 할 때는 아이를 어떻게 대해야 할까요? 아이에게 엄마가 자주 화를 내고 자신을 미워했다는 기억을 남기고 싶지 않아요. 아이는 점점 커가는데 제 자신이 통제가 안 돼서 너무 괴롭습니다.

— 제이디 "

지금 당신에겐 위로가 필요합니다

> 지금 가장 힘든 건 제이디 님일 겁니다. 그렇지만 자신의 행동을 반성하고 또 고민하고 있으니 노력한다면 곧 성숙한 엄마가 될 수 있을 거예요. 우는 아이 앞에서 시쳇말로 뚜껑이 확 열리는 경험, 대부분의 엄마들이 경험하지요. 상담을 하고 있는 저 역시 초보 엄마 시절에 그랬답니다. 돌이켜보면 그런 나를 뼈아프게 경험하면서 내면의 문제를 성찰하게 되었고, 그래서 지금의 내가 되었지요.

그때 내가 아이 앞에서 폭발하기를 멈춘 것은, 나 자신의 행동을 정신 똑바로 차리고 지켜보면서부터였어요. 뱃속에서 뭔가가 차 올라와 가슴이 터질 듯 분노가 치밀어 오르면서 온몸에 힘이 들어가고, 그리고 무력한 아이 앞에서 소리를 지르고 있는 나. 괴로웠지만 한 편의 공연이나 마임에 주목하듯 내 행동을 마음으로 지켜본 거예요.

이렇게 자신이 하는 행동을 끝까지 지켜보는 일은 비난이나 억압 없이 이루어져야 해요. 이러지 말아야지, 당장 고쳐야지, 자책할수록 자신의 행동을 제대로 지켜볼 수 없고 그 사이 분노의 힘은 더 커져서 나를 사로잡거든요. 아무튼 그렇게 주시하기를 몇 차례 반복하자 내가 하는 행동이 정말 낯설었고, 조금씩 싱겁게 느껴지기 시작했어요. 그리고 폭발하는 행동이 서서히 잦아들었지요. 그러면서 내 어떤 생각이 나를 화나게 하는지 알게 됐어요. 바로 그건 '그만해! 더 이상 나보고 어쩌라는 거야. 참을 만큼 참았는데 왜 자꾸 그러는 건데? 난 네 울음을 멈추게 할 방법을 모르겠단 말이야. 너무 부담스럽고 답답해!' 같은 생각이었어요.

나중에 알았지요. 내가, 아이가 우는 행동, 그것도 징징거리듯 칭얼거리는 울음을 견딜 수 없어 한다는 사실을요. 아이가 우는 것이 과거 내 앞에서 울던 내 어머니를 연상시켰던 거예요. 어린 내게 매달려 울던 어머니가 얼마나 큰 공포였는지 그때야 알았어요. 그때 내가 슬픔에 겨운 어머니를 위해서 나의 두려움과 부담감을 얼마나 억눌러야 했으며, 또 무력감은 얼마나 컸는지도 알게 됐답니다.

제이디 님은 성격 급하고 화 잘 내는 아버지를 언급했네요. 그럴 수 있습니다. 투정, 눈물, 짜증 등을 용납하지 않고 폭발적인 감정으로 대응하는 아버지의 태도를 내면화한 거지요. 하지만 주의할 게 있습니다. 내 화가 아버지의 화와 닮았다는 생각이 감정을 다스리는 데 늘 도움이 되는 것은 아닙니다. '아버지 같은 사람이 되면 안 되는데'라는 생각에 사로잡혀 오히려 자기 감정의 진짜 이유나 뿌리를 찾기 어려워질 수도 있기 때문입니다.

제이디 님, 모든 감정에는 그 감정을 일으킬 만한 이유가 있답니다. 아이에게 짜증이 나는 자신, 화내는 자신을 그대로 지켜보세요. 그때의 감정, 흥분한 말투와 행동을 낱낱이 지켜보세요. 그 행동을 멈춘 뒤에도 자신의 감정에 더 머물러 그 감정을 충분히 느껴보세요. 몸과 마음이 얼마나 화나 있는지, 어떻게 힘들어하고 있는지 경험하세요.

그리고 나서 아이에게 화가 났을 때 수없이 일어났던 생각이 뭔지 지켜보세요. 어떤 상황이 일어났을 때 그것과 관련해 속사포처럼 잇달아 일어나는 생각을 인지행동치료에서는 '자동적 사고'라고 이야기합니다. 이 자동적 사고를 모두 글로 적어봐도 좋습니다. 그러다 보면 화나 불안의 뿌리가 되는 생각이나 감정을 찾을 수 있답니다. 자신이 왜 그토록 화를 냈는지, 아이를 달래는 것에 실패할 때 자신에 대해 어떻게 느끼는지, 어떤 조바심과 두려움이 있는지 가만히 생각해보세요.

그 화의 폭발 뒤에는 난 유능한 엄마가 못 돼, 나는 무력해, 한심해 등등의 핵심적인 생각이 있을 수도 있고, 또 '그렇게 칭얼대면 넌 사랑받지 못할 거야'와 같은 아이에 대한 불안이 잠재되어 있을 수도 있습니다. 이처럼 자신이 상황을 통제하지 못할 때, 무력감을 느낄 때, 그리고 아이가 불행해질까 하는 두려움 때문에도 화를 낼 수 있습니다. 제이디 님의 아버지도 같은 이유로 화를 냈을 수 있습니다. 자식들을 어떻게 다뤄야 할지 몰라서, 자식들을 통제할 수 없을까 봐 막막하고 두려웠던 거지요.

그 원인이 무엇이든 당신이 찾아야 합니다. 마음속에서 '그래, 맞아!' 하는 느낌이 든다면 원인을 제대로 찾은 거예요. 그렇다면 그동안 힘들어했을 자신을 위로해주고, 이렇게 반복해서 자신을 안심시켜주세요. '두려워하지 않아도 돼. 이건 누구나 겪음직한 일이야. 넌 정말 애쓰고 있잖아. 점점 더 나아질 거야'라고요. 이처럼 문제의 원인을 발견하고 자신을 다독이는 과정은 치유와 성장의 중요한 과정입니다.

육아가 내 아이뿐 아니라 나 자신을 성장시키는 일이라는 것은 아무리 강조해도 지나치지 않은 중요한 전제입니다. 문제가 생길 때마다 성장의 기회가 왔다고 긍정적으로 생각하는 여유를 잃지 마세요.

"
3

아이를 키우면서
엄마에게서 받았던 상처가 떠오릅니다

1년 된 아이를 키우는 엄마입니다. 아이를 키우면서 종종 과거에 엄마가 준 상처들이 떠올라 화가 나요. 수많은 육아 지침서와 교육 프로그램을 보면 엄마인 내가 먼저 내 어린 시절의 상처를 치유해야 한다고 합니다. 그래서 그 마음을 풀어보려고 엄마에게 내가 상처 받았던 얘기를 하면 엄마는 미안하니까 이제 그 얘기는 그만하라고 합니다. 속상하다고요.

하지만 내 안에는 아직 못다 한 말들이 있습니다. 엄마의 차별과 무관심과 화풀이 속에 많이 상처 입었던 나의 마음은 어떻게 치유해야 할까요.

— 데이지 "

당신 탓은 아니지만
당신이 치유해야 합니다

> 육아 지침서를 비롯해 대부분의 심리학 서적이 어린 시절 상처에 대해 이야기합니다. 지금 당신이 불행한 건 어린 시절 부모로부터 받았던 영향과 상처 때문이라는 것이지요. 아마도 이 같은 주장은 프로이트의 정신분석학에서 영향을 받았기 때문일 것입니다. 그중에서도 특히 세 살 이전의 부모 자식 관계를 집중 조명하는 대상관계이론의 영향이 적지 않습니다.

"지금 당신이 고통받는 건 당신 탓이 아니라 당신의 부모 탓입니다"라는 말은 고통의 당사자에게는 위로가 되기도 할 겁니다. 우울이나 불안, 분노 등의 감정 때문에 인간관계에 어려움을 겪을 경우 자존감이 꽤 낮아질 수 있는데, 그럴 때 "당신 탓이 아니다"라고 누군가 말해준다면 크나큰 위로가 되겠지요. 그래서인지 요즘은 어디를 가나, 우리 부모가 어린 시절 내게 어떤 상처를 줬는지, 그것 때문에 내가 지금 어떤 후유증을 겪고 있는지 이야기하는 걸 자주 듣습니다.

이런 유의 심리학 이론이 가진 문제점은 해결의 주체를 모호하게 한다는 데 있습니다. 지금의 고통이 어린 시절 부모와의 관계에서 생겼다고 생각할수록, 그리고 어린 시절의 상처가 성인이 된 후에도 자신의 감정을 좌우한다고 말할수록 고통의 주인공은 문제를 해결할 힘이 없어집니다. 결국 내 상처의 해결은 부모님이나 부모님을 대신할 심리 전문가가 해주어야 하는 것이 되지요.

많은 사람이 제게 묻습니다. 냉정하고 엄격했던 아버지가 여전히 원망스러워서 찾아가 따졌는데 지금은 너무 늙고 약해져 마음이 편치 않다. 어머니가 과거에 분노가 많아서, 또는 자식을 차별해서 내가 이렇게 자존감이 낮은데, 과거 얘기를 꺼낼라치면 펄펄 뛰면서 되레 화를 낸다. 그래서 상처가 더 심해지는 것 같다. 어떻게 해야 하나.

당연히 그렇습니다. 우리 부모 세대는 마음 성찰을 하신 분들이 아닙니다. '내가 왜 이렇게 화를 내지? 내가 왜 사람들에게 상처를 주지?' 하고 자신을 돌아보기보다는 '자식들은, 남편은 왜 나를 이렇게 화나게 하지?'라고 생각합니다. 이런 분들에게 당신이 과거에 어린 나에게 상처를 줬다고 하면 이해하지 못합니다. 죽을힘을 다해 키워줬더니 이제 와서 무슨 가당치 않은 소리를 하냐며 다시 분노의 불길을 되살릴지도 모릅니다. 그래도 데이지 님의 어머니는 미안하니까 그만하라고 하시니 상당히 좋은 부모입니다.

부모의 사과를 받고도 여전히 마음이 치유되지 않는다고 말하는 사람들을 만납니다. 이제는 부모님과 사이가 좋아졌는데, 그리고 부모를 이해하게 됐는데, 나는 여전히 우울하고 자주 수치심을 느낀다는 겁니다. 이럴 때 자신에 대한 좌절감은 몇 배로 커집니다.

'상황이 달라졌는데 나는 왜 달라지지 않지? 아직도 속 좁게 용서를 못하는 건가?' 이런 심리 상태를 설명하는 데 '내적 불행'이라는 용어를 사용하기도 합니다. 부모와의 관계에서 부모를 기쁘게 하기 위해 받아들였던 불행이 결국은 내면의 불편감을 유지하려는 힘이 되어 성인이 되어서도 영향을 미친다는 것이지요. 부모는 없지만 내면화된 부모가 내게 힘을 행사한다는 말과도 비슷합니다. 내가 부모의 태도를 받아들였기 때문에 성인이 된 후에도 스스로에게 계속해서 상처를 주고 있는 겁니다. 너는 가치 없어, 욕구를 참아, 너는 나를 힘들게 해, 타인을 위해 봉사해야만 좋은 애가 되는 거야 등등으로요. 혹시 데이지 님도 이런 주문을 스스로에게 걸고 있지는 않은지요?

과거 부모가 준 상처가 내 문제의 원인이었다는 주장에 더 이상 귀 기울이지 않았으면 합니다. 실제로 긍정심리학을 중심으로, 성격의 많은 부분이 선천적이라는 연구가 언급되고 있습니다만, 인간의 성격이 양육의 결과냐 아니냐에 관한 논쟁을 여기서 하고 싶지는 않습니다. 다만 데이지 님처럼 아이를 기우는 엄마가 어머니를 자기 불행의 원인이라고 생각하면 자식을 키우는 일이 지나치게 조심스럽고 우울한 일이 됩니다. 나는 엄마처럼 아이를 키우지 않을 거야, 엄마처럼 내 자식에게 상처주지 않을 거야, 하면서 긴장하고 쩔쩔매다가 그 스트레스 때문에 감정적으로 폭발하는 엄마들이 많습니다.

아이를 키우면서 알게 되는 게 있습니다. 아이들은 참으로 강인한 생명력을 가지고 있다는 것입니다. 상처 입었다가도 이내 밝아지고 깔

깔 웃고, 또 다시 부모를 사랑해줍니다. 상처의 회복 속도가 느린 사람들이 있는데(저 역시 그랬습니다만), 그들도 성인이 되면 그 상처를 자양분 삼아 한층 성숙해지기도 하지요.

데이지 님, 저는 묻고 싶습니다. 엄마가 그토록 차별과 무관심과 화풀이로 당신을 괴롭혔다면 지금의 당신은 어떻습니까? 당신은 자신에게 따뜻하고 친절하고 너그러운가요? 당신은 자신을 귀하게 여기나요? 당신의 심리적 아픔을 눈물로 위로해주고 있나요? '괜찮아. 어떤 모습이어도 내가 곁에 있어줄게'라는 마음을 갖고 있나요?

그렇다고 해서 현재의 고통이 당신 탓이라고 말하는 것은 절대 아닙니다. 우리가 자신을 치유할 때 가장 경계해야 하는 생각이 '모두 내가 부족해서' '내 탓'과 같은 것들입니다. 당신 탓이 아닙니다. 당신은 지금껏 어려운 가운데서도 최선을 다했고, 잘 버텼고, 그리고 이렇게 상담을 원한다는 글을 써서 보내기도 했으니까요.

제가 강조하고 싶은 것은 '당신 탓이 아니지만 성인이 된 후에 마음의 문제를 해결할 권리와 의무는 바로 당신에게 있다'는 점입니다. 아직 못 다한 말, 상처들을 이제는 스스로 위로하고 치유해주세요. 글을 쓰고, 책을 읽고, 다양한 치유 프로그램에 참여하는 것도 좋습니다. 당신에게는 상처만큼 강력한 회복과 치유의 힘이 존재합니다.

"
4

아이를 편애하는 전
엄마 자격이 없는 게 아닐까요?

스물다섯에 결혼을 해서 그해 아들을 낳았어요. 준비도 안 된 상태에서 갑자기 엄마가 돼서 그런지 아이가 그렇게 밉고 원망스러울 수가 없더라고요. 밤에 잠도 잘 안 자고, 안아줘야만 울음을 그치고, 아이 때문에 제 젊음을 이렇게 희생해야 하나 싶고, 미운 짓을 할 때마다 아이가 남편을 닮아 그런 것만 같았어요. 예민한 아이 탓에 산후우울증이 더 심했던 것 같아요.

그러다 둘째를 낳았어요. 딸이라 그런지 너무 예쁘더라고요. 애교도 많고. 그런데 큰아이는 동생이 생겨서 그런지 저를 더 힘들게 하네요. 10개월 된 딸아이는 눈에 넣어도 안 아플 만큼 예쁜데, 미운 짓만 골라하는 큰아이는 가끔 제 아이가 아니었으면 할 정도예요. 이런 생각을 할 때마다 내가 나쁜 엄마는 아닐까, 엄마 될 자격도 없는 게 아닐까 죄책감이 들어요. 다른 엄마들도 이런 생각을 가끔 할까요? 아니면 제가 문제가 있는 건가요?

— 은석맘 "

아이를 평등하게 대할
원칙을 정해보세요

> 흔히 열 손가락 깨물어 안 아픈 손가락 없다고 하지만 저는 "자식 문제에 관한 한 열 손가락 깨물어 안 아픈 손가락도 있다"고 반박하곤 합니다. 실제로 많은 부모가 애정이 덜하거나 불편한 마음을 갖게 하는 자식이 있다는 사실을 은밀하게 털어놓곤 한답니다.

엄마가 유독 어떤 자식에 대해 감정적으로 받아들이기 어렵거나 부정적인 감정을 갖는 데는 여러 이유가 있을 겁니다. 은석맘 님의 말처럼 부모로서의 준비가 되지 않았기 때문일 수도 있겠지요. 예를 들어, 엄마가 결혼 때문에 자신의 꿈이 좌절됐다고 생각하거나 또는 엄마가 되는 것의 미덕을 아직 받아들이지 못한 상태에서 아이를 낳았기 때문일 수 있습니다. 또 엄마가 어린 시절 겪은 아픔이 자식을 키우면서 되살아나 아이를 받아들이지 못할 수도 있습니다.

모성애도 훈련 기간을 거쳐야 하는지, 엄마들은 둘째를 낳고 나서야 비로소 아이가 사랑스러움을 느끼고, 더 너그러워집니다. 어떤 점에서 첫째는 모성 훈련의 희생양일 수 있습니다. 엄마들은 첫째를 기를 때 더 엄격하고, 더 불안해하며, 너그럽지 못합니다.

남편을 닮았다고 생각되는 아이에게 남편에 대한 원망과 서운함을 표출하기도 합니다. 은석맘 님도 "남편을 닮아 미운 짓만 하는 것 같다"고 얘기하는 것으로 보아 해결해야 할 부부 문제가 있는 것 같네요. 남편이 원망스럽거나 미운 이유는 자신이 남편에게 제대로 배려와 사랑을 받지 못한다고 생각하기 때문일 겁니다. 은석맘 님은 어떤가요? 부부 문제는 가족 문제의 주요한 원인이 되기 때문에 남편에 대한 서운함을 가볍게 생각하면 안 될 것 같습니다.

물론 마냥 부모 탓으로만 돌릴 수 없는 이유도 있습니다. 양육 태도는 부모와 자식이 함께 결정한다는 것이 교육학의 기본 전제거든요. 교육학이나 발달심리학에서는 아이가 어떤 성격이나 기질을 가지고 태어났느냐에 따라 엄마의 양육 태도가 결정되기도 한다고 봅니다. 이를테면 엄마의 돌봄에 잘 웃는 방식으로 반응하는 아이와 무표정하고 잘 우는 아이 중에서 엄마는 잘 웃는 아이를 더 사랑스럽게 느낄 것입니다. 성격 유형별로도 그런 관계가 만들어질 수 있는데, 아이가 엄마와 성격이 정반대라면 엄마는 아이를 이해하지 못하고 당황스러워할 수 있습니다.

어떤 아이는 엄마를 엄격하게 만들고 또 어떤 아이는 엄마를 너그럽게 만든다는 것을 아이를 둘 이상 키워본 엄마들은 알 거예요. 운명론처럼 들릴 수도 있지만 부모의 차별도 어떤 아이에게는 극복해야 할 필연적인 인생의 고난으로 작용해서 그 고난의 산을 넘어선 아이는 보다 성숙한 성인으로 성장하기도 하지요. 아들보다 사랑받지 못한 딸들이 더 독립적이고 성숙한 사람이 되어 살고 있듯 말입니다.

　부모의 편애가 이처럼 자연스러운 경향이기는 해도, 이는 상당히 주의를 기울여야 할 문제입니다. 부모와 건강한 애착 관계를 형성하지 못했을 경우 그 아이가 평생 겪어야 할 부적절감, 낮은 자존감, 사랑에 대한 갈증은 아이의 일상생활에서 계속 장애가 되기 때문입니다. 특히 다른 형제자매와의 관계에서 부모의 사랑을 비교할 때 그들이 받는 상처는 만만치 않습니다. 그들은 자신보다 더 사랑받는 형제자매를 보면서 번번이 좌절하고, 강렬한 질투와 시기심을 느낄 것입니다.

　형제자매 관계는 기본적으로 경쟁 관계이며, 그 경쟁의 대부분은 부모의 사랑을 두고 벌어집니다. 형제자매가 좋은 관계를 맺는 것은 자신이 공평하게 사랑받고 있다고 느낄 때입니다. 내색하지 않더라도 자식들은 부모가 누구를 더 인정하고 사랑하는지 민감하게 알아차리며, 자신이 부모로부터 공평하게 사랑받지 못한다고 느낄 때 시기와 질투를 느끼지요. 아들러는 형제자매의 서열이 인간의 성격과 대인관계 유형에 영향을 미치며, 개개인의 열등감에도 차이를 만든다고 말합니다. 이처럼 형제자매 관계는 그 자체로 한 개인에게 영향력이 크답니다.

　가장 심각한 문제는 사랑받지 못한 아이만 힘든 것이 아니고, 가족 전체가 관계에서나 정서적으로 왜곡된다는 데 있습니다. 형에 대한 부모의 냉담한 태도를 목격한 동생은 부모와 동일시해서 형을 무시하면서도 그것 때문에 무의식 깊은 곳에서 죄책감을 경험합니다. 또한 사랑하는 형제자매를 부모의 부당한 편애에서 지켜주지 못했다는 죄책감을 평생 안고 사는 사람들도 있습니다. 편애의 주체인 부모 또한 죄의식으로 괴롭긴 마찬가지일 거예요. 자신의 편애를 합리화하기 위해 점점 더 왜곡된 태도를 보일 수 있거든요.

그러니 하루라도 빨리 편애의 원인을 찾아 문제를 해결해야 합니다. 만약 은석맘 님이 어린 시절 부모님과의 관계에서 문제를 경험했다면 그 부분에 대한 자기 위로와 치유가 우선돼야 합니다. 부부의 문제라면 부부 관계를 개선하기 위한 노력을 시작해야 하고요. 아이를 좀 더 잘 이해하려는 노력도 해야 합니다. 아이 입장에서 아이의 성격을 이해하고, 그 아이가 왜 그런 반응을 보이는지, 장단점은 무엇인지 충분히 인식해야 합니다.

아이러니하게도 내가 자식에게서 보기 싫어하는 모습은 바로 내가 혐오하는 내 모습이기도 합니다. 싫어하기 때문에 억압하거나 그런 모습이 드러날 때마다 나를 비난했을 수 있습니다. 그리고 아이에게 "너도 그걸 감추고, 참아"라고 요구하는 것이지요. 내가 그 모습을 억압하면 할수록 아이에게서 내 모습이 발견될 때 화가 납니다.

감정은 내가 어찌할 수 있는 게 아닙니다. 그러니 편애하는 당신의 마음을 자책하지 말고 있는 그대로 인정하세요. 대신 아이들을 대할 때 지켜야 할 원칙을 몇 가지 정하는 건 어떨까요? 둘째가 더 사랑스럽게 느껴지는 마음 자체를 자책하지는 않는다. 그러나 큰아이가 보는 앞에서 작은 아이만 예뻐하지 않는다. 칭찬은 각자의 장점을 찾아 공평하게 해준다. 작은 아이를 예뻐할 때는 큰아이를 따뜻하게 안아주면서 표현한다. 이런 식으로요. 부모 교육 프로그램이나 부부 관계 프로그램 등에 참여해보는 것도 좋습니다. 남편과 함께하면 더 좋겠지요. 아들의 문제이기 때문에 아빠인 남편의 적극적인 육아 참여가 큰 도움이 될 겁니다.

많은 부모들이 아이가 다 성장한 뒤, 그러니까 문제가 해결될 수 없을 만큼 커진 뒤에나 상담실의 문을 두드리는데 그땐 상담 역시 도움이 안 될 수 있답니다. 지금이라면 생각보다 쉽게 문제를 발견하고 해결할 수 있습니다. 아이가 동생을 보며 스트레스를 받는 상황에서 이 과정을 어떻게 넘기느냐에 따라 의젓한 오빠가 되느냐, 아니면 동생을 시기, 질투하는 오빠가 되느냐가 결정됩니다. 그리고 의젓한 오빠가 되는 가장 큰 자양분은 바로 부모의 사랑입니다.

그래도 은석맘 님이 자신의 감정을 알아차리고 성찰한 점은 매우 긍정적입니다. 아들을 사랑하지 않는 건 아닐까 하는 걱정을 하고 있지만, 그런 죄책감과 자책도 일종의 사랑입니다. 그런 불편한 감정 때문에라도 아이에 대한 관심을 놓을 수 없을 테니까요. 사랑하지 않으면 그런 감정도 느끼지 않겠지요. 그러니 내가 불편한 방식으로 아이를 사랑하고 있었구나, 인정하고 괴로운 마음을 조금이라도 내려놓으세요. 그러면 죄책감이 막아놓았던 사랑이 자연스럽게 흐를 겁니다.

"5

아이가 아픈 것이
제 탓 같아 괴롭고 우울해요

결혼하고 2년 동안 아기를 기다렸어요. 기다려보다가 안 되면 시험관아기를 갖자고 했는데 운 좋게 자연 임신을 하게 됐어요. 그리고 임신 5개월에 일찌감치 휴직계를 내고 태교에만 힘썼어요. 그렇게 태어난 아기가 지금 너무 아픕니다. 선천적으로 심장이 약해서 조금 더 클 때까지 기다려서 수술을 해야 한대요.

처음 그 사실을 알고서는 매일매일 울었어요. 어른들은 엄마가 강해져야 한다고 하시지만 아이가 아픈 것만큼은 적응이 안 되더라고요. 다행히 아이가 잘 자라줘서 조만간 수술할 수 있을 거 같아요.

하지만 치료가 길어지면서 너무 지칩니다. 제가 임신 중에 뭔가 잘못했나 하는 죄책감도 들고요. 아기 앞에서도 눈물 흘리기 일쑤고, 남편과의 대화도 부쩍 줄었어요.

병원에 입원해 있는 동안 비슷한 처지의 엄마들을 만나면서 많은 위로를 받았는데, 괜찮다가도 또 문득 우울해집니다. 어떻게 하면 제가 강해질 수 있을까요?

— 은하맘 "

고통스러운 현실, 극복하려 애쓰기보다
담담히 받아들이세요

> 은하맘 님은 아픈 아기 앞에서 강해질 방법을 묻고 있지만, 아기가 아프다니 젊은 엄마가 감당하기엔 힘에 부치는 일을 겪고 있네요. 당신은 지금, 우리 인간 존재가 가진 아주 근원적인 질문 앞에 서 있습니다. 즉, 인간의 한계에 대해, 출생과 질병에 대해, 죽음의 위협에 대해, 모성의 역할과 고통에 대해 답을 찾아야 하는 과제를 부여받은 거지요. 이런 것들을 실존적인 문제라고 합니다. 인간은 누구나 이 문제를 피할 수 없는데 은하맘 님은 남들보다 일찍, 게다가 어린 아기를 통해서 그 일에 맞닥뜨린 거예요. 그런 일 앞에서 휘청거리지 않을 사람이 얼마나 될까요? 하지만 힘내세요. 아이는 결국 나을 테고, 엄마도 한층 강해져 있을 거니까요.

지금은 자주 지치고, 자주 울고, 남편과의 대화도 줄었다니, 우울증을 앓고 있는 듯합니다. 어떻게 그렇지 않겠어요? 건강한 아이를 기르고 있어도 긴장되고 지치는 초보 엄마가 아픈 아기 때문에 고생하고 있으니까요.

심리학자와 소아정신과 의사인 스턴 부부는 《좋은 엄마는 만들어진다》에서 장애를 가진 아기나 아픈 아기를 낳은 엄마가 겪는 어려움에 대해 이야기합니다. 엄마는 출산 전 기대했던 아기의 건강한 모습과 현실의 아기가 보여주는 모습의 간극을 좁히기까지 계속 고통을 겪는다고 말합니다. 현실을 받아들이지 못하면서 아이와의 관계에서 건강한 동일시 또는 확장감을 느끼지 못하게 되고, 애착 형성도 어려워진다는 것이지요. 엄마에게 육아는 지옥이 될 것이고, 점점 더 우울해질 겁니다.

자, 이제 지친 마음을 다독이며 지금의 상황을 저와 함께 돌아볼까요? 아픈 아이의 가족이 경험하는 첫 번째 심리적인 고통은 두려움입니다. 작고 무력한 아기가 겪는 고통을 지켜보는 일, 그 아이의 예측할 수 없는 미래와 함께하는 일은 얼마나 두려울까요. 아무리 씩씩한 엄마라도 아픈 자식 앞에서는 마음속으로 벌벌 떨고 있을 거예요. 그러니 당신이 아이 앞에서 무력하거나 나약하게 느껴지더라도 자책하지 말고 자신을 토닥이며 위로해주세요. 힘들어해도 괜찮아, 충분히 그럴 수 있어, 하면서요.

죄의식이나 죄책감은 아픈 아기의 엄마에게 가장 큰 문제입니다. 아이의 병이 나로 인한 것일지 모른다는 죄의식, 건강한 아이를 낳지 못했다는 회한은 부모를 가장 괴롭히는 원인이 됩니다. 태어난 아기에게 병이 있다는 것을 모두 자신의 책임으로 여기는 엄마들은 이처럼 죄의식이라는 고통스러운 짐을 혼자 짊어지고, 어떤 어려운 상황이 닥쳐도 자신이 모두 감당해야 한다고 생각합니다.

그런 생각에 빠져 있으면 정상적인 부부 관계도 불가능할 뿐 아니라 엄마 개인의 생활을 누릴 수도 없습니다. 아이를 돌보는 일 이외에는 아무것도 할 수 없게 되는데, 그러면서 점점 지치고 우울해지는 것이지요. 심지어 스턴 부부가 소개하는 어떤 여성은 출산을 자신의 실패라고 여기면서 남편을 육아에 참여시키지 않으려 합니다. '자신의 실패에서 남편을 보호하기 위해서'라는 것입니다.

아픈 아기가 태어난 것은 모두 엄마의 책임이라는 생각, 자신이 잘못된 엄마라는 생각은 비과학적인 사고일 뿐입니다. 장애를 가진 아이나 아픈 아기가 태어나는 이유에 대해서는 과학적으로 아직 명확히 밝혀진 바가 없을 뿐 아니라 은하맘 님처럼 아이를 간절히 기다리면서 태교를 충실히 한 엄마들도 예외가 아니기 때문입니다.

아기가 아픈 것에 대해 지나치게 책임지려고 할수록 그 책임에서 벗어나고자 하는 무의식적인 저항도 강력해집니다. 가령, 자신이 최선을 다해 아이를 건강하게 만들어야 하는데, 너무 지치고 우울해져서 아이를 돌보는 게 불가능해지는 경우가 그것입니다. 아이를 돌보는 게 힘들어지면 더욱 자신을 채찍질하고 자책하게 됩니다. 부정적 감정의 악순환에 말려드는 것이지요.

그러니 은하맘 님, 그 모든 책임이 자신에게 있으며, 자신의 노력으로 아이를 회복시켜야 한다는 생각과 안간힘을 이제 내려놓으세요. 모든 인간이 반드시 경험할 수밖에 없는 생로병사와 같은 실존적인 고통에는 해결책이 따로 없답니다. 운명의 신이 왜 나를 찾아왔는지 지금은 전혀 알 길이 없습니다. 숨을 깊게 내쉬면서 현실에 저항하는 마음도, 지나친 책임감도 내려놓으세요.

물론 자신을 채찍질하는 마음을 이해하지 못하는 것은 아닙니다. 어리고 나약한 아이가 통증으로 고통받는 걸 받아들이느니 죄책감으로 엄마 자신을 힘들게 하는 게 더 나을지도 모릅니다. 그러나 자신이 무력한 존재이며, 현실과 싸우기보다는 지켜보고 기다려야 한다는 사실을 받아들이면 현실에 대처하는 새로운 방법이 떠오를 거예요. 나 자신과 그리고 현실과 소모적으로 싸우지 않고 함께하는 방법 말이지요.

먼저 가까운 사람들에게서 충분히 위로받아야 합니다. 남편이나 부모님 또는 상담자라도 좋겠지요. 그들이 내민 손을 꼭 잡고, 그들의 품에 기대어 울어도 좋습니다. 마음을 안정시키고 의지할 수 있는 종교를 찾아 기도하는 것도 좋겠네요.

그리고 또 한 가지, 잠시라도 아이에게서 벗어나 기분 전환할 수 있는 소소한 일을 만들어보세요. 은하맘 님이 말했듯 병원에서 만난 같은 처지의 엄마들과 대화를 나누거나 마음이 맞는 친구들과의 일상적인 수다, 부부의 외식, 작은 취미생활을 통해서 때때로 기분을 바꿔보세요.

심각한 어려움에 맞설 때는 대단한 용기보다 일상의 잔잔한 행복과 감동이 더 강력한 힘을 발휘합니다. 아이를 행복하게 하기 위해서라도 엄마만의 행복한 영역, 엄마가 잠시라도 숨 쉴 수 있는 공간을 만들어보세요.

그렇게 작은 변화를 모색하면서 하루하루를 받아들이고 겪고 배우면서 보내세요. 그러다 보면 어느 순간 이렇게 행복해도 되는 걸까 하는 날들이 건강하게 회복된 아이와 함께 당신 앞에 펼쳐질 거예요.

"
6

아이가 소극적이고 부정적인
제 성격을 닮아 걱정입니다

다섯 살, 6개월 두 아들을 키우는 엄마입니다. 제 고민은 큰아들이 저를 너무 닮았다는 거예요. 특히 제 단점을요. 저는 소극적이고 매사 부정적인 편이에요. 저 스스로도 싫어하는 그런 모습을 아들을 통해서 보는 게 너무 괴롭습니다. 어디를 가든, 뭘 시키든 "싫어" "못해"를 입버릇처럼 달고 사는데, 이대로 자라면 분명히 저처럼 될 것 같아 걱정입니다. 저 같은 사람은 처음부터 아이를 낳지 말았어야 했나, 그런 생각까지 드네요.

— 린다 "

단점에 매달려
괴로워하지 마세요

> 아이가 엄마처럼 될까 걱정하는 모습을 보니 마음이 아픕니다. 그동안 린다 님이 자신의 성격 때문에 얼마나 괴로워했을지 느껴지기 때문입니다. 짐작건대 평생 힘겨웠을 겁니다. 싫은 것, 못하는 것들이 주어질 때마다 두렵고 버거웠겠지요. 사람들은 "왜 못해!" "뭐가 싫어!" "넌 도대체 애가 왜 그러니?"라고 반응했을 테니 주위로부터 이해받지도 못했을 겁니다. 긍정적으로 보이는 사람들이 많이 부러웠을 거예요. 세상은 그런 사람들에게 박수를 쳐주니까요. 당신과 다르다고 생각되는 사람들을 질투하거나 시기하는 경험도 많았을 거고, 또 그 사람들처럼 해보려고 애도 썼을 겁니다. 좌절감도 많이 맛보았겠지요.

못해, 싫어라고 말하는 게 이기적으로 보일지 모르지만 부정적인 태도를 가진 사람만큼 인생에서 많은 대가를 치르는 사람도 없습니다. 부정적인 감정 자체가 심리적인 에너지를 많이 소모하게 하는 데다 또 다른 한편에서는 그런 식으로 살면 안 된다는 내적, 외적 저항에 많이 부딪치기 때문에 피로감이 상당하지요. 어른들도 부정적으로 보이는 아이를 많이 다그쳤을 거고, 스스로도 자책을 많이 하게 됩니다. 그동안 매우 아프고 지쳤을 겁니다. 그러니 자책일랑 그만두고 지금부터라도 자신의 마음을 위로해주세요. "지난 세월, 너 정말 힘들었겠구나, 얼마나 우울했니"라고요.

그런데요. 어린아이 때부터 "못해" "싫어"라고 했다면 이유가 있을 것 같습니다. 그저 성격이 부정적이라 그렇다고 쉽게 판단할 일이 아닌 듯합니다. 그 아이는 왜 "싫어" "못해"라고 도리질하는 걸까요? 그 아이가 보는 세상은 어떤 모습일까요? 만약 싫고 못하는 게 많은 세상이라면 그 아이에게 세상은 얼마나 부담스럽고 무서운 걸까요?

혹시 린다 님이 자신과 같은 사람이 되지 않게 하기 위해서 아주 어렸을 때부터 아이의 힘에 부치는 걸 자꾸 요구하지는 않았나요? 이런 저런 것을 해보라고 하고, 왜 못하냐고 추궁하는 식으로 말이지요. 아이가 선천적으로 겁이 많은 아이였다면 그런 엄마의 종용이 트라우마가 될 수도 있습니다. 그래서 더 위축되고, 용기가 안 나는 것이지요. 작은 몸집의 아이들에게는 바닷가로 밀려오는 작은 물결도 매우 거칠고 높은 파도처럼 여겨질 수 있거든요.

《보살핌》이라는 책을 쓴 셸리 테일러는 스트레스 반응을 감소시키는 방법에 대해 연구해온 세계적인 사회심리학자인데요. 그녀는 극단적인 회피 반응을 보이는 겁 많고 수줍음 많은 여섯 살짜리 여자아이 에밀리에 관해 이야기합니다. 수줍음은 보통 유전이어서 에밀리가 평범하게 자란다면 필시 겁 많은 청소년이 되겠지만 부모의 양육 방식에 따라서 커다란 차이점을 만들 수 있다고 합니다.

다행히 에밀리의 엄마 린은 훌륭한 태도를 가진 사람이었다고 하네요. 린은 아이가 있을 때 다른 사람들에게 아이의 행동에 대해 변명하거나 어떤 언급도 하지 않았습니다. 수줍어하는 아이를 비난하지 않았고, 낯선 사람들에게 가라고 아이의 등을 떠밀거나 사교적이 되라고 몰아붙이지도 않았습니다. 그러니까 아이가 싫어하는 건 강요하지 않으면서, 아이가 좋아하고 잘하는 것, 비교적 행동이 활발해지는 때를 잘 살펴서 그걸 할 수 있도록 도와준 것입니다. 아이가 좀 더 커서 청소년이 되었을 때는 대화 방식도 지도했습니다. 에밀리는 자기 얘기를 하는 걸 굉장히 힘들어했기 때문에 상대에게 먼저 질문하고 그 대답을 잘 들어주는 기술을 계발한 것이지요. 테일러가 10년 후 에밀리를 만났을 때 그녀는 밝고 따뜻한 아이로 성장해 있었답니다.

린다 님은 어떠셨나요? 그동안 단점을 고치는 데 몰두하느라 아들의 장점을 놓치지는 않았나요? 긍정심리학은 이 부분에 대한 문제점을 정확히 이야기합니다. 그동안 심리학이 인간의 심리적 문제 또는 단점을 고치기 위해 그토록 매달려왔지만 성과가 미미했다는 겁니다. 그래서 문제에 매달리기보다 타고난 장점을 파악하고 계발해서 그걸 발휘하며 살도록 해야 한다는 것이지요.

린다 님 자신도 마찬가지입니다. 적극적이지 못하고, 부정적인 생각이 많은 반면 남들과 비교했을 때 장점인 측면이 있을 겁니다. 그걸 찾아 발전시켜보세요. 나름대로 균형 있는 사람이 될 수 있답니다. 그러니 단점에 너무 집중해 괴로워하지 마세요.

우선 린다 님이 아들과 눈높이를 맞춰서 얘기를 들어주는 건 어떨까요? 가만히 안고 등을 토닥이며 물어봐도 좋습니다. "못하겠구나. 그래, 못할 수도 있지. 근데 왜 그런 생각을 했어?"라고요. 우리는 '당연히 ~해야 한다'는 당위성을 앞세워 감정과 느낌을 곧잘 무시하지만 아이의 감정과 느낌에도 절실한 이유가 있답니다. 우리 어른들이 이해하지 못할 뿐이지요.

마찬가지로 나 자신에게도 그렇게 물어야 합니다. '어린 시절 나는 어땠을까? 나는 어떤 때 거부하나? 그럴 때 내 느낌과 생각은 어떤가? 내 몸은 어떻게 반응하나? 언제부터 그랬을까?' 찬찬히 생각하는 시간을 가져보세요. 당신이 부정적인 데는 그만한 이유가 있었을 겁니다.

그렇게 자신을 성찰할 때 린다 님의 성격과 비슷한 아들이 참으로 훌륭한 마음의 동행자가 되어줄 거예요. 아이에게 묻고 또 자신에게 비쳐보세요. '아이는 뭐가 무서운 걸까? 왜 싫은 걸까? 그 아이 눈엔 세상이 어떻게 보이는 걸까? 과거에 나도 그랬을까?' 하고요. 그러면 자신을 좀 더 쉽게 이해할 수 있겠지요. 그리고 나서 부정적인 태도를 잘 다룰 수 있는 방법을 아이와 함께 찾아보는 거예요.

그런 시간을 충분히 갖고 나면 아이도, 내 마음도 달라질지 모릅니다. 누구든 그 어떤 존재든 자신을 충분히 표현하고 이해받고 나면 스스로 변화하기 때문입니다. 이해받기 위해서 두 주먹을 꼭 쥐고 같은 말을 반복하는 것인지도 모릅니다. 아무리 부정적인 성격일지라도 스스로에게 그리고 타인에게 비난 당하지 않으면 부정성이 강화되지 않습니다. 고집 센 아이가 더 고집이 세지는 건, 왜 그렇게 고집이 세냐는 비난을 자주 받기 때문입니다.

한 가지 팁을 알려드릴게요. 자신이 싫어하는 게 뭔지, 못하는 게 어떤 건지 아는 건 인간의 발달 과정에서 아주 중요한 일입니다. 이를 통해 자아의 경계선을 분명히 할 수 있으니까요. 많은 심리적인 장애가 자신과 대상, 의식과 무의식의 경계를 분명히 하지 못하는 데서 옵니다.

성인이 돼서도 '난 뭐든지 할 수 있어'라고 생각하며 매사에 도전해 실패를 반복한다면 유아기의 전능감을 극복하지 못했다고 보지요. 이럴 때 자신이 싫어하는 것과 할 수 없는 것이 무엇인지 알게 하고, "No"라고 말하게 돕는 일은 아주 중요합니다. 이 세상엔 "못해!" "싫어!"라고 말할 용기가 필요한 사람, 그렇게 외치고 싶은 사람이 참 많답니다. 그러니 지나친 자책감과 우려에서 빠져나오세요!

"
7

동네 엄마들과의 수다가
불편합니다

올해부터 다섯 살 딸을 유치원에 보내고 있습니다. 아침에 유치원에 데려다주고 끝날 때에 데리러 가면서 자주 마주치는 엄마들과 많이 친해졌어요. 처음에는 차 한 잔 마시면서 가볍게 아이들 교육이나 장난감 같은 이야기를 주로 나눴는데 시간이 지나니 남편과 시댁 험담, 다른 엄마 뒷담화로 주제가 옮겨가더군요.

제가 이상한 걸까요? 다른 엄마들은 아무렇지도 않은 것 같은데 저는 이런 이야기가 참 불편하고 껄끄러워요. 남의 가정사나 개인적인 것까지 꼭 알아야 하나 싶고 이야기하고 집에 돌아오면 기분도 별로고요. 적당한 선에서 거리를 두고 지내고 싶은데 어떻게 하는 게 좋을까요?

— 러블리썬 "

본질은 스트레스!
독서 모임을 해보면 어떨까요?

> 아이들 교육과 관련된 정보를 나누다가 남편과 시댁 험담 등으로 이야기 주제가 넘어간다니 전형적인 여성들의 수다네요. 수다가 그렇답니다. 일상적이고, 사적이며, 구체적이고, 인간관계의 갈등에 관한 심리적인 이야기들입니다.

이런 수다 문화를 통상 여성의 문화라고 하지요. 흥미로운 것은 아주 오래전 우리 할머니들도 지금의 수다와 비슷한 것을 노래로 불렀다는 겁니다. 짧고 인상적이어서 여럿이 모인 자리에서 함께 부르기 쉽던 남성 민요에 비해 여성들의 민요는 수다처럼 길고 개인적인 이야기로 채워져 있답니다.

열여섯에 시집 와 아무것도 모르던 자신을 시아버지, 시어머니, 시누이, 심지어 머슴까지 제각각 얼마나 혹독하게 시집살이 시켰는지, 그 과정에서 돌부처 같은 남편은 또 얼마나 도움이 안 됐는지 조목조목 열거합니다. 이렇게 괴롭힌다면 머리 깎고 산으로 들어가버리겠다는 얘기도 있고, 시어머니와 시누이를 호랑이굴로 보내버리자는 우스개도 있습니다. 이들 노래는 여성들이 길쌈이나 밭일을 하면서 함께 부르고 함께 눈물짓고, 혹은 와아~ 웃으면서 부르던 것들입니다. 그러면서 여성들은 자기들끼리의 연대감을 확인하고, 서로 위로해줄 수 있었습니다.

이런 여성들의 모임은 역사가 정말 유구합니다. 사회심리학자이자 《보살핌》의 저자인 셸리 테일러는 여성들의 모임, 여성들의 우정이 원시 시대부터 존재했다고 말합니다. 여성들은 함께 모여서 음식과 안전에 대한 욕구를 충족시켰고, 함께 아이를 기르면서 집단을 존속시켰다는 겁니다. 그 모임은 농경 시대를 거쳐 오늘날까지 유지되고 있습니다. 이런 강점 때문에 여성들 간의 우정은 진화 과정에서 채택되어 현재에 이른 것입니다.

여성들의 모임은 대부분 실질적이면서도 아주 일상적인 것들로 채워지는데, 이건 여성의 관심사와 일치합니다. 최근 서구 심리학은 여성 심리와 남성 심리의 다른 점에 주목하지요. 즉, 남성이 공적이고 추상적인 것에 관심을 가지고, 객관적인 것을 설명하고 묘사하는 일에 집중한다면 여성은 개인적이고 일상적인 것, 또는 겉으로는 드러나지 않는 마음의 문제에 관심이 많다고요.

이제까지 사적이고 구체적인 것, 심리적인 것들은 남성의 관심사에 비해 저평가되었지요. 밥 먹고 할 일 없어서 하는, 비생산적인 것들로 취급되었기 때문이에요. 그러나 일상적인 것이 없다면 우리의 삶은 이어지지 않습니다. 특히 우리는 누군가의 가정사나 개인사를 주제로 하는 수많은 드라마와 영화에 심취하지요. 그런 이야기에 담긴 인간관계와 인간의 진면목이 우리 삶을 돌아보는 데 도움을 줍니다. 그런 이야기를 좋아하는 여성은 남성보다 인간의 감정을 더 잘 이해하고, 또 인간관계를 맺는 데도 훨씬 능숙합니다.

러블리썬 님은 여자들의 그런 전형적인 수다가 마음에 들지 않나 봅니다. 남의 가정사나 개인적인 것들을 알게 되는 게 불편하고 껄끄럽다고 했는데, 좀 더 구체적으로 그 이유를 알고 싶네요. 그들이 하는 수다 내용이 내 관심사가 아니라면 그냥 무심하게 넘길 수 있을 텐데, 껄끄럽고 불편하다고 하니 그 불편감이 어디서 왔는지 궁금합니다. 우리가 어떤 것에 불편함을 느끼는 것은 내면에 그것과 관련된 문제가 있다는 것을 의미합니다. 러블리썬 님도 자신이 왜 그런지 자신의 내면을 살필 수 있다면 모임에서 어떻게 행동해야 할지 실마리를 찾을 수 있을 겁니다.

혹시 친한 친구와도 사적인 얘기를 나누지 않는 편인가요? 여성들의 친밀한 관계에서 개인적인 이야기는 빠질 수가 없거든요. 아직 친밀해지지 않은 상태라서 그런 얘기가 껄끄럽게 느껴지나요? 사생활이 공개되는 걸 싫어하나요? 아니면 세상에서 벌어지는 시시콜콜한 개인사에 대해 의미 없고, 발전적이지 못하다고 생각하는 건 아닌지요. 평소에도 인간사에서 빚어지는 갈등을 불편해했나요?

솔직히 말해 여성들의 수다 모임에서 이루어지는 개인적인 이야기, 남편이나 시부모 흉보기가 무조건 나쁜 것만은 아니랍니다. 돌직구를 날리지 못하는 마음 약한 여성들이 스트레스를 푸는 방식이니까요. 남편이나 시부모와 잘 지내고 싶어서 뒤에서 실컷 욕하면서 감정을 해소하는 것일 수도 있습니다. 그러니 각자 자신의 스트레스를 털어놓는 상황이라면 나쁘지만은 않은 것 같네요.

다만 같은 엄마들끼리의 뒷담화는 위험합니다. 당사자가 없는 데서 이러쿵저러쿵 떠드는 분위기가 조성된다면 그 모임은 반드시 감정적인 역동에 휩싸일 테니까요.

남의 가정사에 유난히 관심을 갖고 이러쿵저러쿵 들먹이는 것은 알고 보면 그 비슷한 문제가 내 마음속이나 우리 집에도 있기 때문입니다. 밖에서 아무리 큰 문제가 생겨도 나와 전혀 연관성이 없다면 우리는 별 관심을 갖지 않습니다. 내 문제를 직면하기 괴로우니까 남의 문제에 집착하는 것입니다. 또는 모임에서 불편한 구성원이 있을 때, 은근히 비난하는 뒷담화를 하기도 합니다. 그런 모임이라면 아마 발전이나 유익함은 없을 것입니다.

어찌됐든 그런 이야기에 끼고 싶지 않다면 그냥 지켜보기만 해도 됩니다. 여성들은 말없이 들어주는 사람도 좋아하니까요. 이야기가 다른 엄마의 뒷담화로 흐르거나 하품 나올 정도로 지루하다면 스스럼없이 "그런 얘기는 이제 그만!" 하세요. 다른 엄마들도 금방 알아채고 웃어넘길 겁니다.

건강한 엄마들의 모임과 관련해 한 가지 제안을 한다면, 독서 모임 같은 걸 해보면 어떨까 싶네요. 시중에 출판된 유아 심리, 육아 노하우, 육아 심리학 등의 책으로 스터디 모임을 시도해보는 겁니다. 그런 일에 관심을 갖는 분들이라면 유익한 정보도 나누고, 서로 좋은 친구가 될 수도 있지 않을까요? 잘 맞는 엄마 모임은 오래 지속되면서 아주 깊은 우정을 나누기도 한답니다. 살아가면서 그런 든든한 친구 모임 하나 있다면 참 좋은 일이겠지요.

"
8

아이한테 무조건 좋은 것만
사주고 싶어요

14개월 된 아이의 엄마입니다. 아이를 낳고 나니, 사용법은커녕 이름조차 생소한 육아용품이 왜 이리 많은지 모르겠어요. 고가의 전집은 기본이요, 쏘서니 바운서 같은 신기한 육아용품이 다 있더라고요. 봄가을 열리는 베이비페어에 한 번씩 갔다 올 때면, 엄마의 육아품도 덜고 아이에게도 좋다는 별의별 육아용품이 눈에 밟혀 결국 지르곤 한답니다.

그러다 보니 육아비 지출이 늘고 있어요. 분유도 최고는 아니더라도 중급 이상은 먹여야겠고, 옷도 피부 약한 돌 무렵까지는 유기농으로 입히고 싶어요. 유모차도 이왕이면 좋은 걸 태우고 싶고요. 이렇게 신경 쓰기 시작하니까 매달 육아비로 드는 돈이 쏠쏠치 않아요. 다른 아기들도 다 누리는 건데 안 해주면 괜히 아이한테 미안한 마음이 앞서고요.

하루는 가계부를 찬찬히 훑어보았다가 나를 위한 소비가 확연히 줄었다는 걸 알게 되었어요. 미용실 가는 돈도 아깝게 느껴지고(어차피 갈 시간도 별로 없지만요), 옷도 그냥 있는 거 입게 되고, 문화생활도 아이 핑계로 안 하게 되고, 오로지 아이를 위해서만 돈을 쓰고 있는 제 모습을 발견하고는 불현듯 쓸쓸해졌어요. 엄마가 되었으니 당연하다는 생각도 들고, 자기를 잘 가꾸고 사는 멋진 엄마들도 있지만 대부분은 다 비슷비슷하게 사는 것 같아요. 너무 궁상맞게 이러진 말자라는 생각도 드는 반면, 그렇다고 갑자기 확 달라져서 나를 위해 막 투자하는 엄마가 되지는 못할 것 같아요. 괜히 싱숭생숭한 요즘입니다.

– 호롱이 엄마 "

아이를 위한 소비 욕구,
엄마의 가치를 높이려는 욕구입니다

> 아기를 키우는 일은 아주 맑은 거울 앞에서 자신을 비쳐보는 일입니다. 아기에 대한 감정, 교육관, 소비 습관, 육아 감정 등이 모두 나의 내면 모습이니까요. 다시 말해서 육아 과정은 엄마의 자기표현이라고 할 수 있습니다. 물론 아이에 대한 권리가 전적으로 엄마에게 있다면 말이지요.

호롱이 엄마 님은 육아에 욕심도 많고, 정말 열심이세요. 아이를 낳은 후 소비가 대부분 아이에게 집중되어버렸군요. 당연히 아이를 기르면 돈이 많이 들지요. 제가 초보 엄마였던 시절에는 지금보다 덜했는데, 요즘은 육아용품 중에서도 명품이란 것이 등장했더군요. 명품이란 소리가 무색할 정도로 불티나게 팔리고요.

초보맘 시절은 대부분 신혼이라서 가계 수입이 많지 않아 다른 소비를 줄여야 할 때가 많은데, 육아용품에 욕심이 생기니 더더욱 엄마 개인을 위한 소비는 어려워지겠네요. 근데, 그 달라지는 소비 패턴을 보면서 호롱이 엄마 님은 이래도 되나 하는 생각이 드나 봅니다. 제 짐작에 그런 고민 안에는 '아이에게 너무 몰두하느라 나 자신을 소홀히 하는 건 아닐까' 하는 갈등이나 위기감 같은 게 숨어 있는 것 같아요. 예, 맞아요. 그런 고민이 필요합니다. 나와 아이를 따로 떼어놓고 생각하려는 고민 말입니다.

초보 엄마에게 아이는 나 자신이고, 내 일부입니다. 일생일대 가장 위대한 나의 창조물이지요. 그 창조물을 아주 멋지게 꾸며서 자랑하고 싶고, 잘 키워 다른 이들의 감탄이나 선망을 사고 싶어지는 게 당연합니다. 그러니 그렇게 고가의 육아용품을 사는 일은 엄밀히 보자면 아이를 위한 엄마의 희생은 아닌 것 같습니다. 어디까지나 엄마 자신을 위한 일이지요.

미국의 저명한 소아청소년과 의사이자 자녀교육 상담가인 메그 미커는《엄마의 자존감》이라는 책에서 '돈'에 관해 이야기합니다. 그녀는 엄마들이 아이에게 더 좋은 것, 더 비싼 것을 사주고 싶어 하는 이유는 그렇게 함으로써 자신이 더 좋은 엄마가 되고, 엄마의 가치가 더 높아진다고 생각하기 때문이라고 주장합니다.

아이러니한 것은 자식들이 부모의 훌륭한 점을 꼽을 때 결코 부모로부터 받은 고가의 선물, 비싼 교육의 경험을 얘기하지는 않는다는 겁니다. 미커가 소개한 연구 결과에 따르면 아이들이나 성인이 된 자식이 떠올리는 좋은 기억은 대부분 부모의 다정한 태도, 재미있는 이야기, 함께 보낸 시간과 대화 등이라네요. 그 소비의 대상이 아주 어린 아기라면 더더욱 엄마가 쓴 돈의 가치를 알 리 없습니다.

호롱이 엄마 님, 가만히 생각해보세요. 왜 아이에게 비싼 용품을 사주고 싶을까요? 당신도 가치가 높은 엄마가 되고 싶은 건가요? 혹시 '아이 키우는 일만큼은 일등이 될 거야'라는 욕심이 생기진 않았는지요. 인간은 누구나 최고가 되고 싶은 욕심이 있는데, 어찌 보면 최고가 되는 가장 쉬운 방법이 돈으로 최고의 물품을 사는 일일 것입니다.

자신이 어린 시절에 충분히 존중받지 못했다고 생각하거나 또는 초라하다고 느꼈던 기억이 있는지도 찾아보세요. 충분히 그럴 수 있습니다. 그래서 아이만큼은 최대한 존중받았으면 좋겠다고 생각하는 거지요. 자신의 채워지지 않았던 욕구를 아이에게 채워주려는 것입니다. 공부와 사회적 성공 이외에 다른 장점을 인정해주지 않는 사회에서 살다 보니 우리는 대부분 자신이 가치 있는 존재라는 사실을 느낄 기회가 별로 없으며, 실패자라는 기분을 자주 맛보게 됩니다. 그래서 할 수 있다면 가치를 돈으로 사려고 하지요.

내 아이를 최고로 기르겠다는 욕심이 무조건 나쁜 것은 아닙니다. 엄마들의 그런 욕심이 좋은 육아와 교육 환경을 아이에게 만들어줄 수도 있으니까요. 아이의 발전이 곧 나의 발전이라는 동일시도 육아 초기엔 나쁘지 않습니다. 그런 모성이 없다면 만만치 않은 수고가 요구되는 육아 과정을 견뎌낼 부모가 많지 않을 테니까요.

그러나 아이에 대한 투자와 엄마를 위한 투자 사이에서 균형 감각을 잃지 않아야 합니다. 그리고 좋은 물건을 사는 즐거움과 경제적 현실 사이에서, 외적인 만족과 내적이고 심리적인 만족 사이에서 적절한 균형감을 잃지 않아야 합니다. 균형감을 잃으면 엄마의 희생이나 경제적 어려움이 따라올 것이고, 정신적인 빈곤감에 시달리게 될 것은 아주 당연합니다. 명품으로 만족감을 얻으려는 마음은 밑 빠진 독과 같아서 채울 수 없기 때문입니다. 행복해지기 위해 물건을 사지만 행복의 유효 기간은 길지 않을 것이고, 그러면 반복해서 물건을 사면서도 늘 갈증을 느낄 것입니다. 또 아이도 엄마처럼 비싼 물건을 사야만 삶의 가치와 자존감이 채워질 수 있다고 생각하게 될지 모릅니다.

아이가 자라면 정말 간절하게 원하는 물건들이 있습니다. 간절하게 원하면서 노력하는 모습을 보인다면 그땐 조금 무리를 해서라도 사줄 필요가 있습니다. 그러나 지금 엄마의 만족을 위해 아이에게 지나친 돈을 쓰지 마세요. 정작 아이는 그 물건의 가치를 알아보지 못할 뿐 아니라 아이 손이 닿지도 않은 채 재활용 물건으로 버려질 수도 있으니까요.

"
9

원하지 않았던
둘째를 임신해서 심란합니다

내년에 초등학교에 입학하는 딸아이를 키우고 있습니다. 얼마 전 둘째 임신 사실을 알았습니다. 갑자기 일곱 살이나 터울이 나는 둘째를 갖게 되어 심란해요. 내년에 학교 입학이라 신경 써야 할 것도 많을 텐데 동생까지 생기면 큰아이가 힘들어하지는 않을까 걱정입니다. 남편은 둘째가 생겨서 좋다는데, 전 제가 계획한 미래가 전부 틀어져버려 아이가 마냥 반갑지만은 않아요. 첫 아이 임신했을 때는 너무 행복하고 하루하루가 설레었는데, 지금은 아무 감정이 없어요. 태어나지도 않은 둘째한테 미안한 마음도 들고요. 하지만 이런 마음이 쉽게 다스려지지 않아요.

― 민맘 "

가족에게 또 한 명의 같은 편이
생기는 것입니다

> 많은 여성이 임신 후, 그리고 아이를 낳은 후 다양한 형태의 불편한 감정을 느낍니다. 불안감, 두려움, 심란함, 우울감, 심지어 낭패감 같은 것까지요. 그런 느낌이 드는 것은 당연합니다. 짧지 않은 기간, 자기 삶의 많은 것을 포기하거나 뒤로 미루고, 아이 돌보는 일에 대부분의 시간을 할애해야 하니까요.

첫째 아이를 학교에 입학시키고 이제 한숨 돌리나 했는데 다시 임신을 했군요. 계획에 없던 일이라 많이 속상한가 봅니다. 둘째를 임신하게 돼서 계획한 미래가 전부 틀어져버렸다고 했는데 저는 민맘 님이 어떤 계획을 세우고 어떤 꿈을 꾸었는지 듣고 싶습니다. 그 얘기를 들으면서 설레고 즐거웠을 당신의 감정을 함께 느껴보고 싶네요. 그리고 그 계획을 포기하거나 수정해야 하는 것에 대한 아쉬움과 슬픔, 속상한 마음도 듣고 싶습니다.

민맘 님, 둘째 아이에게 미안해서 속상한 감정을 억지로 다스릴 필요는 없습니다. 이미 생긴 감정을 억누르려 해봤자 역효과만 날 뿐이니까요. '소중한 아이를 임신했는데 내가 이래도 되나, 이런 감정을 느끼다니 어른스럽지 못해'라는 생각은 자기 자신을 점점 더 속상하게 만듭니다. 둘째 아이 때문에 계획한 미래를 포기하게 됐는데, 실망스러운 감정까지 비난 당하면 민맘 님은 정말 우울해질 겁니다. 그 감정은 언제든지 둘째 아이에 대한 원망, 미움 등으로 변질될 수도 있어요.

우리 마음은 의지대로 되는 부분과 그렇지 않은 부분으로 이루어져 있습니다. 슬픔, 미움, 불안, 우울을 비롯해 속이 상하는 감정은 우리가 어찌할 수 없는 감정이며, 뚜렷한 이유 없이 떠오르는 잡다한 생각이나 끊임없이 반복되는 생각도 역시 의식의 통제권 밖에 있답니다. 그걸 무작정 '옳지 않다'고 억누르면 앞서 말했듯이 오히려 부작용이 일어날 수 있습니다. 감정도 생각도 더 기세등등해져서 그에 저항하는 우리를 녹초로 만들곤 하니까요. 그래서 심리학자들은 부정적인 감정과 싸우지 말고 그것의 이야기를 들어주라고 권유합니다.

《좋은 이별》에서 김형경은 상실 후에 화가 나거나 원망감을 갖는 것은 인간이 잠시 유아기로 퇴행하기 때문이라고 말합니다. 무의식으로 퇴행해서 과거 시절의 상실감을 다시 경험한다는 것이지요. 그러나 과거에 이렇다 할 상실의 경험이 없었더라도 그 누구라도 행복하게 꿈꾸던 것을 잃으면 화나고 슬퍼집니다. 어쩌면 아이처럼 소리쳐 울고 싶을지도 모릅니다.

그런 자신의 마음을 애도해주기 바랍니다. 충분히 안타까워하고, 슬퍼해주세요. 뱃속의 아기에게 "엄마가 슬퍼하는 건 네가 밉기 때문이 아니야. 엄마를 잠시 이해해줘"라고 말하면서요. 속상한 마음을 글로 써보는 것도 좋습니다. 그렇게 충분히 슬퍼하다 보면 달라진 상황을 받아들이게 되고, 그렇게 했을 때 애초에 계획했던 일을 이룰 수 있는 또 다른 길이 펼쳐질지도 모릅니다.

그리고 또 한 가지, 드리고 싶은 말씀이 있습니다. 인생에서 갑자기 닥쳐오는 일을 순순히 받아들이고, 그에 맞춰 재빨리 계획을 재조정하는 유연함도 우리 인격의 중요한 덕목입니다. 삶을 대하는 유연한 태도는 정신건강의 중요한 요소입니다. 우리의 삶은 원래 예고 없이 펼쳐집니다. 그 순간에 유연하게 대응하는 사람이 삶의 행복지수도 높답니다.

아무 계획 없이 사는 인생도 문제겠지만 인생의 예기치 않은 사건이 있을 때마다 계획에 없던 일이라고 스트레스를 받는다면 마음은 자주 불행해집니다. 계획된 삶만이 의미 있다고 느끼는 것, 계획하지 않은 일에는 거부감을 느끼는 것은 인생에 대해 경직된 태도를 갖고 있기 때문입니다. 심리적 성찰이 필요한 일이지요.

어떤 일을 계획했는지 모르겠지만 가능하면 둘째를 낳고도 그 일을 할 수 있도록 모색해보세요. 완벽하게 깔끔한 인생 설계도가 되지 못하더라도 당분간 그 불편함을 견디는 힘을 기르는 것도 좋습니다. 둘째 출산과 절대로 병행할 수 없는 일이라면 다른 즐거운 일을 만들어보세요. 둘째 아이를 즐겁게 받아들일 수 있는 마음의 준비나 민맘 님을 위로할 선물을 스스로에게 주는 것도 좋습니다.

둘째를 낳기 전까지 잠깐이라도 상담을 받아보는 건 어떨까요. 민맘 님의 글에서 느껴지는 첫째에 대한 애틋함이 어쩌면 둘째 아이와 엄마 사이를 가로막고 있다는 생각도 드네요. 혹시 민맘 님 마음 깊은 곳에 둘째 아이가 태어나서 첫째의 자리를 위협할지도 모른다는 우려가 자리 잡고 있는 건 아닌지 생각해보세요. 첫째가 어른들로부터 받던 독점적인 사랑을 둘째가 빼앗아갈지도 모른다는 생각 말이지요. 혹시 이런 감정이 민맘 님 어린 시절의 경험과 관련이 있지는 않나요? 그렇다면 마음을 잘 살피고, 자신의 경험과 첫째 아이의 경험을 분리해야 합니다. 저는 둘째가 자칫 첫째만큼 엄마의 사랑을 받지 못하는 아이가 될까 조심스럽네요.

첫째 아이가 힘들어하지 않을까 하는 걱정은 하지 않아도 됩니다. 아이들은 부모가 보는 마음의 창을 통해 세상을 보기 때문입니다. 아이에게 학교에 입학도 하고, 동생도 생기는 두 가지 기쁜 일이 있다고 말해주면 아이는 무척 좋아할 거예요.

둘째가 생겨 민맘 님이 계획한 미래가 취소될 위기에 놓였다는 건 안 좋은 일이지만 민맘 님과 가족에게 또 한 명의 같은 편이 생긴다는 건 아주 기쁜 일입니다. 기나긴 인생길에서 보면 그때 둘째가 생기길 천만다행이었다고 생각하게 될 겁니다.

"
10

아이를 재우고
혼자 술 마시는 시간이 늘었어요

5개월 된 딸 아이를 키우고 있어요. 결혼 전에도 집에서 혼자 술 마시는 버릇이 있었는데, 요즘 들어 부쩍 아이 재우고 혼자 술을 마시네요. 너무 힘들어서 그런 것 같기도 하고, 마음이 허전해 그런 것 같기도 해요. 이러다 알코올중독이 되는 건 아닐까 걱정도 되고 그러다 보니 술을 마시면서 죄책감까지 들어요.

– 룰루랄라 "

감정 습관과 음주 습관을
관찰해보세요

> 너무 힘들어서, 그리고 마음이 허전해서 술 마시고 싶은 기분이 느껴진다는 말씀 이해가 돼요. 엄마들은 경험하지요. 하루 종일 긴장해서 아이와 씨름하다가 아이를 재우고 나면 정적 속에서 갑자기 피로감이 몰려오기도 하고, 또 자신을 잃은 채 하루를 보냈다는 생각에 공허해지기도 합니다. 그리고 아이에 대한 부담감 없이 나 자신으로 있는 그 밤 시간이 얼마나 아깝게 느껴지는지요.

룰루랄라 님은 아마 그런 상태가 될 때 술을 마심으로써 자신을 위로하나 봐요. 누구나 자신을 위로하는, 또는 하루의 긴장을 푸는 방법이나 습관이 있답니다. 대표적으로 술을 마시는 일이 그렇고, 휴대폰에 몰두하거나 책을 읽거나 게임에 매달리기도 하고, 운동을 하는 사람들도 있어요. 그게 긴장을 풀기 위한 무의식적인 행동이라는 걸 인식하지 못한 채 왠지 그냥 하고 싶어져서 습관적으로 하는 것이지요.

그런 음주 습관에 대해 죄책감을 느끼는 것 같고, 또 알코올중독이 될까 걱정하는 것 같은데, 정말 중독으로 가고 있는지 자신을 살펴보는 것은 좋습니다. 하루 중 음주량은 얼마나 되는지, 또 음주량이 늘지는 않았는지 점검해보세요. 하루 종일 술이 생각나서 일상생활에 지장을 받는지, 며칠 술을 먹지 않았을 때 괴로움을 느끼는지도 보시고요. 그런 것들이 알코올중독 또는 알코올 의존증의 증상입니다. 알코올중독 전문기관에 가서 이야기를 들어보는 것도 좋을 겁니다.

중독의 심리학적 원인은 결핍이라고 하지요. 심리적 결핍 또는 자극에 대한 결핍을 보상하기 위해 어떤 것에 매달리는 겁니다. 예를 들어, 남편과의 관계에서 친밀감을 느끼지 못하거나 외부 세계와 단절되어 고립감을 느끼기 때문일 수 있습니다. 또 자기가 없는 생활도 결핍감을 느끼게 할 수 있고요. 결혼 전에도 혼자 술을 마시는 버릇이 있다고 했는데, 외로움, 소외감 또는 불안감을 술로 달랬을 수도 있습니다.

그렇다면 결혼 전부터 지금까지 어떤 감정이 룰루랄라 님으로 하여금 혼자 술 마시게 했는지 찾아보세요. 당신은 어떤 심정일 때 술을 마셨나요? 그 감정의 뿌리에는 무엇이 있습니까? 아마도 그것이 룰루랄라 님의 삶을 관통하는 습관적 감정이고, 또 생각일 것입니다. 그걸 찾아내 성찰해보기 바랍니다.

그러나 중독이 반드시 과거의 깊은 상처나 상실에서 온다고 생각할 필요는 없습니다. 우리에게는 모두 어떤 중독 성향이 있으며, 그건 강렬한 감각과 자극에 익숙해진 현대인의 보편적 특성일 수 있습니다. 아무튼 정확한 이유를 알 수 없는 허전한 마음, 그게 우리를 자꾸 어떤 것에 의존하게 만듭니다. 그런데 술을 비롯해서 우리가 보통 좋지 않은 습관이라고 여기는 뭔가를 하고 있을 때는 '하면 안 되는데' 하면서

찜찜해하거나 죄의식을 갖는 게 오히려 역효과를 불러올 수 있습니다. 애착과 집착만 더 커질 뿐이니까요.

습관 고치기와 관련해 대략 몇 가지만 조언을 하겠습니다. 첫째, 술을 마실 때 오히려 그 상황을 좀 더 의식적으로 만들어보세요. 오늘 하루 수고한 나를 스스로 칭찬하는 의미에서, 그리고 무사하게 하루를 보낸 축하 의례를 치른다는 의미에서 테이블 세팅에 신경을 써보는 거예요. 좋은 음악과 예쁜 술잔, 그리고 꽃 한 송이나 촛불을 준비하는 건 어떨까요? 이렇게 자신이 하고 있는 무의식적이고 습관적인 행위를 의식적인 차원에서 실행해보는 겁니다. 남편과 그 자리를 함께할 수 있다면 더 좋습니다. 술을 마실 때 상대가 있다면 좀 더 자신을 의식할 수 있기 때문입니다.

술 마시는 게 아무래도 걱정된다면 또 다른 즐거운 취미를 생각해보세요. 혼자 고즈넉한 시간을 보내면서 마음을 편안하게 할 수 있는 게 뭐가 있을지 말이지요. 앞서도 말했지만 기존의 습관을 무조건 중단하려고 하는 건 거의 불가능한 일입니다. 그럴 땐 보다 안전하면서도 술을 마시는 일만큼, 또는 그 이상 마음을 행복하게 해주는 습관으로 대체하는 게 방법이지요. 혹시 아이를 낳기 전 즐기던 또 다른 일이 있었는지 곰곰이 생각해보는 것도 좋겠네요. 그 김에 잠시 잊었던 자기 자신을 돌아볼 시간도 가질 수 있으니까요.

술을 마시고 싶다는 욕구가 낮 동안의 긴장과 스트레스를 해소하기 위한 것일 수도 있지만 우울증의 한 증상일 수도 있습니다. 그렇다면 낮 시간에 친구들을 만나거나 쇼핑을 하면서 스트레스를 발산하고 기분을 전환하는 것도 권하고 싶네요. 우울증 치료는 원인을 찾아내는 것도 중요하지만 우울증을 상쇄시킬 수 있는 밝은 기분을 의도적으로 유지함으로써 가능해지기도 합니다. 일주일에 두세 번을 그렇게 보낸다면 음주에 대한 욕구가 조금 더 줄어들지 않을까요?

마지막으로 자신을 위한 인생 설계가 필요할 거 같습니다. 아이 키우는 일이 룰루랄라 님에게 충만감을 주지 못한다면 아이 키우는 일과는 별도로 자신만의 영역을 모색하고 계획해보세요. 그게 부업이든 취업이든 아니면 공부이거나 단순한 취미여도 상관없습니다. 그것을 통해 내가 성장하고 있다는 생각이 드는 일을 찾아보세요. 자신만의 영역을 가짐으로써 보다 즐겁게 아이 키우기에 집중할 수 있을 테니까요.

"
11

아이가 울면
화가 나서 참을 수가 없어요

세 살 아이를 키우는 엄마입니다. 우리 아이는 태어날 때부터 잘 울었어요. 그럼 저는 그걸 못 견디고 막 화를 냅니다. 소리 지르면서 엉덩이를 펑펑 때리기도 하고 확 밀치기도 합니다. 이러는 내가 정말 걱정돼서 마음이 너무너무 우울합니다. 길길이 날뛰는 내 모습이 너무 끔찍해요.

어떤 때는 아이가 너무 이기적인 것 같고, 고집 센 거 같아서 약이 올라 어쩔 줄 모릅니다. 아이들은 다 그러는 걸 알면서도 그 상황이 되면 화가 치밀어서 참을 수가 없어요. 저 왜 이러는 걸까요? 어떻게 해야 제가 변할 수 있을까요? 도대체 저는 언제까지 이렇게 미숙한 엄마 노릇을 해야 할까요? 정말 우울합니다.

— 바다미소 "

육아는 내 아이와 내면의 심리적 아이를
동시에 키우는 일입니다

> 바다미소 님을 위로하기 위해 신달자 시인의 고백을 소개합니다. 신달자 시인은 수필집 《엄마와 딸》에서 엄마의 이름으로 산 지 45년이 되어가지만 자신은 여전히 초보 엄마라고 털어놓습니다. 그녀의 말을 좀 길게 인용해보면 이렇습니다. "나는 엄마라는 이름으로 프로가 있는지 묻고 싶다. 적확하게 아마추어라고 단정해도 좋은 것이 바로 엄마라는 이름이다. 적어도 내겐 가장 잘난 척 할 수 없는 이름이다. 왜 그렇게 어려운지 모른다. 낳고 키우고 사랑하면 될 것인데, 엄마라는 직분은 까다롭게 알아야 할 것이 너무 많다."

엄마 경력 45년이어도 미숙하다 하니 바다미소 님이 미숙한 건 아무것도 아니지요. 그러니 너무 자책하지 말고, 제 이야기를 들어보세요.

아이에게 자주 화를 낼 때, 부모는 자신의 내면에 또 한 명의 아이가 있다는 사실을 알아차려야 합니다. 바로 내면 아이입니다. 존 브래드쇼가 말하는 내면 아이는 성인의 마음에 존재하는 상처 입고 슬픔에 빠져 있는 일종의 어린 인격입니다. 그의 주장에 의하면 우리 대부분은 어린 시절 상처 입어 성장하기를 멈춘 내면 아이를 가지고 있지요.

내면의 존재하는 감정적인 측면을 내면 아이라는 인격적 존재로 표현하는 게 낯설게 느껴질 수도 있습니다. 그런데 많은 심리학 전통에서 우리 인간의 마음속에 있는 다양한 측면을 인격으로 묘사하며, 종종 치료를 목적으로 내면 인격과 대화를 나누는 시도를 하기도 합니다. 대표적으로는 융 심리학의 '원형' 이론이 그렇습니다. 우리 내면에는 아버지, 어머니, 그리고 아이나 노인 등의 인격이 존재한다고 말하지요. 원형은 근원적인 내적 충동이라고 할 수 있는데, 종종 꿈이나 상상 속에서 인간의 모습으로 드러납니다.

   어린 시절의 심리적 상처 때문인지는 모르겠지만 아무튼 우리는 아이처럼 미숙한 측면을 가지고 살아갑니다. 그 아이 같은 마음은 불쑥불쑥 튀어나와 나를 사로잡고, 이성적인 평소 생각이나 의지와는 다르게 나조차 이해할 수 없는 부정적인 감정을 폭발시킬 때가 있습니다. 그럴 때의 내 모습을 내면 아이라고 이름 붙여도 좋을 것 같습니다.

   많은 엄마들이 아이에게 화내고 소리 지르고, 또는 분노를 느끼면서 자책감에 괴로워합니다. 또는 아이에게 폭력을 행사하기도 하는데 그럴 때 엄마의 마음은 최악의 우울 상태로 곤두박질치지요. 내가 왜 이러나. 이렇게 이해할 수 없는 흉포한 내면이 있다니 내가 무섭다. 도대체 얼마나 큰 상처를 아이에게 주고 있는 건가. 이러다 아이가 회복할 수 없는 문제를 안게 되는 건 아닌가 하는 생각을 하면서 두려움에 떱니다.

   저는 그런 문제로 괴로워하는 엄마들을 꼭 안아주고 싶습니다. 그

동안 얼마나 고통스러웠을까요. 그리고 이런 말씀을 해드리고 싶습니다. "당신만 그런 게 아니에요. 우리 마음속에는 대부분 그런 내면 아이가 살고 있답니다. 그러니 남모르게 숨죽이며 수치심과 죄책감에 떨지 말고 가슴을 펴세요."

내면 아이는 보통 돌봄을 받지 못해서 분노의 힘이 무척 크고, 그렇기 때문에 이성적인 힘으로 다루기가 정말 어렵습니다. 우리는 대부분 친절하고 점잖은 어른이 되라고 재촉하는 문화에서 살았기 때문에, 그리고 아이들을 양육하는 데 집중하느라 자신을 돌아볼 여유가 없었기 때문에 내면 아이를 방치한 채 살고 있습니다. 만약 그 내면 아이가 내 인격 밖으로 드러나 현실의 아이에게 짜증이나 화를 내거든 그 두 아이를 모두 보살펴주어야 합니다. 첫째 아이와 둘째 아이를 차별하지 않고 평등하게 대하듯 말입니다. 동생을 윽박지른다고 이유 불문하고 첫째를 타박해서는 안 된다는 사실을 잘 알고 계시지요? 그러니 현실의 아이와 내면 아이 모두의 이야기에 귀 기울여야 합니다.

현실의 아이에게 화내고 있는 바다미소 님의 내면 아이가 이렇게 말하고 있을지도 모릅니다. "날더러 어쩌라는 거야? 나도 힘들어. 죽도록 힘들지만 온 힘을 다해 참고 있는 거야. 나는 늘 그랬어. 어렸을 때부터. 그런데 너는 왜 칭얼대니? 얄밉게."

그렇게 속상해하는 당신의 내면 아이에게, 화를 내다니 창피해 죽겠다고, 입 다물라고 윽박지르지 말고 그를 지지하고 달래주세요. "힘들고 속상하지? 정말 괴롭겠다. 그래, 그럴 거야. 괜찮아. 조금만 더 힘내고 이따가 좀 쉬자"라고요.

아이를 키우는 과정에서 엄마들은 종종 자신을 잃어버리고 공허해집니다. 자신의 욕구를 희생하고 아이에 몰입해 있기 때문이지요. 그렇게 되면 자기 내면 아이와 만나는 법을 잃어버리고 막막해져서 깊은 우울감을 느낄 수 있습니다.

결국 육아는 내가 낳은 아이와 내면의 심리적 아이를 동시에 키우는 일입니다. 내면 아이를 주장한 존 브래드쇼는 말합니다. 상처받은 내면 아이를 보듬어 성장시키고 나면 그 아이 안에 감추어져 있던 새로운 힘이 발휘될 거라고요. 상처받은 내면 아이가 치유돼 긍정적인 힘을 선사할 때까지 자신의 내면 아이를 현실의 아이와 똑같이 소중하게 돌봐주세요.

가족,
남보다 더 불편할 때도 있어요

어른이 되려면 가족들과 일정한 거리를 두어야 합니다.
독립된 어른으로서 육아의 주체가 되고, 부모로부터 존중받기 위해서도
어느 정도의 거리 두기와 선긋기가 필요합니다.
관계가 조금 서먹해지더라도 예의를 갖추어 높임말을 사용하고,
부모님의 야단이 지나치지 않게 적당한 선에서
대화의 주제를 바꾸는 것도 좋습니다.

Chapter 4

"
1

고부 갈등,
어떻게 풀어야 할까요?

저는 시어머니와 함께 살아요. 시어머니를 모시고 산다기보다 얹혀 산다는 게 정확한 표현이죠. 시어머니는 저를 딸처럼 편하게 대해주세요. 맞벌이를 하다 보니 식사도 모두 어머니가 챙겨주시고, 아이도 돌봐주세요. 어떻게 보면 이런 시어머니도 없다는 생각이 들어요. 시집 잘 왔다는 생각도 들고요.

하지만 어머니께서 아무리 딸처럼 대해줘도 며느리 입장에서는 딸이 될 수는 없는 거 같아요. 저를 예뻐하는 시어머니께 소소한 불만 하나하나까지 다 얘기하는 못된 며느리인 거 같아서 지금도 마음이 불편해요.

신혼 초에 어머니께 불편한 점을 말하니까 눈물을 흘리면서 '미안하다' 하시더라고요. 그 뒤로는 정말 큰 불만이 아니라면 표현하지 말고 시어머니께 맞춰드리자 결심했어요.

하지만 요즘 아이에게 농담으로나마 제 흉을 보는 시어머니 때문에 스트레스가 쌓이네요. 지각할까 봐 아침에 뛰쳐나가는 저를 보고 "너희 엄마는 일찍 준비해야지, 왜 조금씩 늦어서 아침마다 저렇게 전쟁이라니"라고 하시거나 제가 짧은 치마라도 입으면 "네 엄마 '빤

쭈' 보인다"라고 하세요.
차라리 저한테 그러지 말라고 했으면 좋겠어요. 아무리 말 못하는 아이지만 언젠가는 다 알아들을 텐데…. 시어머니께 어떻게 조심스럽게 말씀드려야 할까요? 소녀같이 여린 시어머니가 저 때문에 상처받는 것도 원치 않는데 말이죠.

- 진우맘 **"**

적당한 예의,
일정한 거리가 필요합니다

> 부모 세대와의 의사소통은 언제나 어렵지요. 특히 시부모라면 더욱 쉽지 않습니다. 어려운 상대라 눈치도 봐야 하고, 겉으로 드러나지 않은 의중도 살펴야 하니까요. 시어머니와의 의사소통을 위해 진우맘 님에게 두 가지 당부를 하고 싶습니다.

세상의 모든 일이 그렇지만 인간도 겉으로 드러난 측면과 보이지 않는 측면을 모두 갖고 있습니다. 따라서 상대와 관계를 맺을 때는 그 두 측면을 모두 이해하려고 노력해야 합니다. 그것이 첫 번째 당부입니다.

상대에게는 내가 안다고 생각하는 부분과 아직 파악되지 않은 두 부분이 있습니다. 진우맘 님은 시어머니가 "소녀같이 여린" 분이라고 했지만 아마 그 모습은 시어머니의 한쪽 측면, 또는 작은 일부분일 것입니다. 다만 진우맘 님이 '소녀 같은' 측면을 아주 인상 깊게 경험했기 때문에 마치 그것이 시어머니의 본질적인 측면인 것처럼 인식하게 된 것이지요.

시어머니는 며느리보다 적어도 20~30세 더 나이 드신 부모 세대입니다. 우리가 부모 세대에 대해 갖는 긍정적 편견이 있는데, 그분들이 젊은 세대보다 더 헌신적이고, 순진하며, 너그러울 것이라는 판단이 그것입니다. 물론 그런 분들도 있겠지만 단언컨대 대부분은 그렇지 않습니다. 살아온 경험이 많을수록 생각도 그만큼 더 복잡합니다. 어떤 분은 피해의식이 강하고, 젊은 사람들이 예상하지 못할 정도로 노회하며, 더 보수적일 수 있습니다. 참고 있을 뿐이지, 나이가 들면 감정적으로도 꽤 민감해진답니다.

시어머니에게 불편한 점을 말씀드렸다가 놀란 경험이 있군요. 눈물 흘리며 미안하다고 하는 바람에 그다음부터는 그런 말씀을 드릴 수 없게 되었지요? 저는 그거야말로 며느리의 순진한 당돌함과 시어머니의 노회한 눈물이 어떤 화학 작용을 만들어내는지 보여주는 아주 좋은 예라고 말하고 싶네요. 시어머니는 좋은 이미지를 갖고 있기 때문에 며느리의 항의를 권위주의로 또는 큰소리로 방어하지 못하고 눈물로 방어한 겁니다. 더 이상 자신을 건드리지 말라는 무의식적 경고일 수 있지요.

두 번째 당부는 인상이나 성격뿐 아니라 그 사람이 하는 말 역시 두 가지 메시지를 가지고 있으니 신중하게 이해해야 한다는 것입니다. 진우 맘 님은 시어머니가 농담으로 흉을 본다고 했는데, 제가 보기에는 시어머니가 단순한 농담을 한 것 같지 않습니다. 손주를 통해 시어머니 방식의 잔소리를 한 것이지요. 시어머니 눈에 며느리의 행동거지가 거슬렸던 것이고 그래서 그걸 지적한 거예요.

《가족이니까 그래도 되는 줄 알았다》의 저자 데보라 태넌은 가족 간의 대화에 두 가지 차원의 메시지가 존재함을 발견했습니다. 즉, 언어로 표현된 그대로의 메시지와 두 사람 간의 특별한 의미를 가진 메타메시지가 바로 그것입니다. 메타메시지란 말로 표현한 것 이상의 의미를 갖기 때문에 그 사람의 말투, 대화 당사자들의 과거 경험, 둘 간의 관계를 근거로 추정해봐야 합니다. 예를 들어, 어떤 엄마가 딸에게 전화해서 "너 엄마 생일이 언제인지 아니?" 하고 물었습니다. 이럴 때 딸이 생각하는 메타메시지는 '넌 엄마 생일이 언제인지 관심도 없다'라는 책망입니다. 이 에피소드의 딸은 엄마에게서 "넌 네 일에만 바빠서 엄마에게 무신경하다"는 원망의 소리를 자주 들었기 때문입니다.

흥미롭게도 가족 관계에서 주고받는 메타메시지는 관심과 비난이 한데 얽힌 말입니다. 관심이 있기 때문에 하는 비난의 말이라는 것이지요. "널 사랑해서 하는 말인데…"라고 엄마가 이야기를 꺼내면 딸은 '엄마가 또 잔소리를 시작하는구나'라거나 '나보고 또 뚱뚱하다고 비난하는구나'라고 알아듣는 것처럼 말입니다. 그렇다 보니 메타메시지는 듣는 사람의 마음을 복잡하게 만듭니다. 그래서 진우맘 님도 시어머니의 말씀에 대해 어렴풋하게나마 농담인지 비난인지 모르겠다는 생각을 한 것 같고요. 결론적으로 진우맘 님의 시어머니는 손주에게 농담처럼 하는 얘기를 통해 며느리에게 '네가 부지런해졌으면 좋겠다'라는 것과 '짧은 치마는 눈에 거슬리니 입지 않았으면 좋겠다'는 메시지를 보내고 있는 것입니다.

그렇다면 우선 진우맘 님은 시어머니에게 자신의 행동이 거슬렸는지 확인해봐야 할 것 같습니다. 시어머니 입장에서는 '충분히 애기했는데 왜 며느리가 달라지지 않지?'라고 생각하실 수도 있기 때문입니다. 시어머니에게 '어머니, 제가 서두르면 불안하세요?'라거나 '제 치마가 짧은가요?'라고 물어보세요. 그렇게 진지하게 물어보면, 시어머니가 앞으로는 농담 같은 잔소리를 좀 자제하실 겁니다. 그리고 시어머니가 불편해하는 문제를 어떻게 해결할지 결정해야 합니다. 이를테면 출근 준비에 시간 여유를 좀 더 두거나, 옷에 신경을 쓸 것인지, 아니면 대화와 설득을 통해 시어머니를 이해시킬 것인지에 대해서 말입니다.

진우맘 님, 모녀 관계라고 이상적일 리 없습니다. 시어머니가 진우맘 님을 딸처럼 대한다는 말씀을 반복하는 걸 보니 고부 관계가 상당히 좋았던 것 같습니다. 하지만 엄마와 딸에게도 갈등은 존재하며, 특히 딸이 성인이 되고 나면 더더욱 그 갈등이 격화됩니다. 서로 간의 다른 점 때문에, 그리고 지나치게 허물없다는 점 때문에 말이지요. 허물없는 모녀 관계에는 격렬한 갈등이 잠재해 있다는 말이기도 합니다. 모녀긴에도 거리와 경계가 필요한 법이지요.

진우맘 님이 시어머니와 지금보다 더 조심스러운 관계를 유지했으면 좋겠네요. 그분의 성격이나 내면도 새롭게 살펴보고, 그분이 하는 말씀도 낯설게 들어보는 겁니다. 그렇게 적당한 거리를 두고 조심스럽게 서로를 알아갈 때, 그때는 정말 흔들리지 않는 성숙한 고부 관계를 만들게 될 겁니다.

"2

별일 아닌데도
자꾸 남편에게 화를 내요

돌 갓 지난 아이를 키우는 서른일곱 늦깎이 엄마예요. 요즘 제 고민은 특별한 이유 없이 남편이 밉다는 거예요. 남편은 성실하고 청소나 빨래도 잘 도와주는 편이에요. 주변에서는 일등 아빠, 일등 신랑이라는 평을 들을 정도고요. 그런데도 남편이 도와줄 때만 잠깐 고맙지 그 외에는 꼬투리 잡을 건 없나 찾고 별일도 아닌데 자꾸 짜증과 화를 내요. 제가 너무 닦달하니 남편은 예전의 제 모습이 아니라고 힘들어하고요.

막상 남편이 집에 없으면 외롭고 보고 싶은데 도대체 왜 이런 걸까요? 주변에서는 육아 스트레스가 심해서 그런 거라던데… 사람이 이렇게 변할 수도 있나요?

– 아이리스 "

분노와 짜증에는
반드시 이유가 있습니다

> 아이리스 님, 사람이 그렇게까지 변할 수 있다는 걸 알게 됐다니 큰 공부하셨네요. 누구나 그렇게 변할 수 있답니다. '지킬 박사와 하이드 씨'가 그저 소설 속에서나 만날 수 있는 이야기라면, 그리고 아주 특별한 사람의 이야기라면 그렇게 오래도록 사람들의 입에 오르내리지 못했을 거예요.

아이를 낳아 기르면서 남편에게 짜증이나 화를 자주 내는 게 고민인가 봅니다. 여성이 착하고 말 잘 듣는 남자친구나 남편에게 화풀이하는 경우가 적지 않습니다. 매사에 타박하고, 추궁하며, 트집을 잡습니다. 자신이 상대에게 그렇게 하고 있다는 사실조차 모르는 경우도 있지만 의식하고 반성해도 잘 고쳐지지 않는 경우도 참 많습니다.

여성이 자기 짝에게 느끼는 이 감정은 분노처럼 보입니다. 마음 저 깊은 곳에서 늘 폭발 직전처럼 부글거리는 불편하고 불쾌한 감정 말입니다. 분노는 가장 약한 곳으로 흐른다고 하지요. 화를 내도 괜찮은 안전한 상대를 찾는 것인데, 여성에게 그런 상대는 자기 아이들이거나 좀체 화를 내지 못하는 착한 남편입니다.

주위에서는 아이리스 님에게 육아 스트레스 때문이라고 말한 것 같은데, 감정적인 문제를 이런 식으로 단정 짓고 나면 문제를 해결할 길이 없어집니다. 육아 스트레스는 아이가 다 자라기 전까지는 해결하기 어려우니까요. 육아 스트레스를 느끼는 엄마들이 모두 이런 식으로 화를 내는 건 아닙니다. 그러니 자신이 느끼는 감정을 좀 더 깊고 면밀하게 들여다볼 필요가 있습니다.

자신의 감정을 들여다볼 때 가장 큰 방해꾼은 죄책감이에요. 이러면 안 되는데 하면서 조바심치다 보면 원인을 찾기 어렵고, 감정을 통제하는 데도 번번이 실패합니다. 다들 경험해봤겠지만 '이러면 안 되는데' 하면 감정의 강도가 점점 더 강해집니다. 억압의 반작용 때문이지요. 그러니 아이리스 님, 자신의 낯선 모습을 무조건 억누르나 책망하지 말고 나에게 이런 모습이 있었구나 하고 자신을 지켜봐야 합니다.

우선 남편에게는 양해를 구하는 게 좋습니다. 분위기가 좋을 때, "내가 왜 이러는지 모르겠다. 당신에게 정말 미안하다. 당신에게 화를 내고 있지만 당신 때문에 화가 난 건 아니다. 고치려고 노력하고 있으니 조금만 기다려 달라"고 고백하세요.

우리가 정말 마음에 새겨두어야 할 것이 있는데, 아무리 터무니없어 보이는 감정일지라도 이유가 분명히 있다는 것입니다. 특히 그것이 강렬하다면 더더욱 주의 깊게 살펴보아야 합니다. 나를 봐달라고, 내가 하고 싶은 말이 있다고 우리 내면이 나에게 말을 걸고 있는 거니까요.

아이리스 님은 어떤 분노입니까. 굳이 어떤 이론적 근거를 대지 않더라도 자신의 감정을 스스로 성찰할 수 있습니다. '이러면 안 되는데' 하기보다 남편에게 화를 내는 자신을 가만히 지켜보세요. 남편이 어떻게 할 때 유독 화가 나고 짜증이 나던가요? 화나 짜증이 날 때 마음속에서 어떤 생각이 올라오던가요? 남편에 대해 '그것밖에 못해?' '제대로 하는 게 없어' '왜 알아서 못하는 거야' 같은 생각인가요? 아니면 '난 억울해' '이것으로는 부족해'와 같은 느낌인가요?

남편에게 실제 불만이 있을 수도 있습니다. 주위 사람들의 평이 아무리 좋아도 가만히 살펴보면 아이리스 님의 욕구를 제대로 충족시켜주지 못하는 부분이 있을 수 있습니다. 이를테면 아이리스 님은 그 무엇보다 이 스트레스 상황에 대해, 아이를 키우는 고충에 대해 좀 더 깊은 대화를 나누고 싶은데 남편은 그 문제를 외면하고 있을 수도 있어요. 다른 건 잘해주지만 아내가 가장 원하는 걸 충족시켜주지 못한다면 아내 입장에서는 해소되지 못한 뭔가가 늘 가슴에 차 있다고 생각할 수 있습니다.

아이리스 님이 그동안 분노를 너무 많이 억압하고 살았다면 그 또한 문제가 됩니다. 혹시 평소에 '인간성 좋은 사람'이라는 평가를 받으며 살아오지 않았나요? 제대로 화를 내야 하는 상황에서도 번번이 자신의 감정을 억압했다면 그 인내가 한계에 이를 때 전혀 뜻하지 않은 곳에서 화를 분출하게 됩니다.

어린 시절의 경험에서 원인을 찾을 수도 있습니다. 예를 들어, 아버지와의 관계에서 충족하지 못한 것이 있거나 또는 어머니와 아버지의 부부 관계를 습관적으로 재연하고 있을 수도 있습니다. 원인이 무엇이든 아이리스 님 내면에 직면하기 싫은 불편한 이유가 잠재해 있을 수 있다는 사실을 인정하고, 내면을 돌아보기 바랍니다.

저는 2통의 편지를 써보라고 권하고 싶습니다. 수신인은 남편과 자기 자신입니다. 먼저 남편에게 '부치지 않을 편지'를 써보세요. 화가 났을 때의 심정을 모두 적어보고, 왜 그렇게 화가 나는지도 써보세요. 쓰기 전에는 막막하겠지만 막상 글을 쓰기 시작하면 당신이 남편에게 느꼈던 감정의 원인을 찾을 수 있을 겁니다. 편지 말미에는 남편에게 원하는 게 무엇인지 아주 구체적으로 적어보세요. 물론 다 쓰고 나면 찢어버리거나 태워버리는 게 좋습니다. 그런 전제가 있어야 솔직하게 글을 쓸 수 있기 때문입니다.

원인을 객관적으로 발견하고 나면 해결책도 찾을 수 있을 겁니다. 그것이 대상 상실의 분노이든, 유아기적 의존 욕구의 좌절이든, 또는 현재 남편에 대한 불만이든, 아니면 어린 시절 상처에 관한 것이든 먼저 자신의 감정을 있는 그대로 위로해야 합니다. 그동안 그런 감정과 씨름하느라고 애썼을 테니까요. 그리고 자신의 분노와 짜증에 나름의 이유가 있었음도 인정해주세요. 앞으로 화와 짜증이 날 때 어떻게 잘 풀어가야 할지에 대한 계획을 써봐도 좋습니다. 이것이 바로 두 번째 편지인 '자신에게 보내는 편지'의 내용입니다.

"3

편하게 사는 엄마에게 질투가 나요.
제가 꼬인 걸까요?

네 살 딸아이를 키우는 전업맘입니다. 고위공무원으로 퇴직하신 친정아버지 덕분에 큰 고생 모르고 자랐어요. 그러다 중소기업에 다니는 남편을 만나 결혼했고 아이를 낳았죠. 남편 수입만으로 살림을 꾸리는 게 너무 벅찹니다. 그렇게 힘들어할 때마다 친정 엄마는 "그러게 누가 그런 남자 고르라 했냐"며 핀잔 아닌 핀잔을 주는데 정말 스트레스예요. 제가 안쓰러워 그런 거라는 걸 아는데도 "엄마는 돈 걱정 안 하고 사셨잖아요"라고 해버리고 싶어요. 남편이 벌어다 준 돈으로 여유 있게 살았던 친정 엄마가 여자로서 솔직히 부러운 마음도 듭니다. 제가 엄마를 질투하는 걸까요?

— 로즈마리 "

공주였던 과거는 잊고
당당한 어른으로 성장하세요

> 당연히 부러울 거예요. 요즘 세상에 경제적인 문제만큼 중요한 게 어디 있을까요. "부러우면 지는 거다"라고 사람들은 말하지만 부러운 걸 "정말 부럽다"고 말할 수 있는 것도 용기이고 건강한 마음입니다.

다만 당신의 마음속에 '평강공주 신드롬'이 없는지 점검해보세요. 많은 여성이 결혼생활을 결혼 전과 비교하면서 삶이 누추해졌다고 한탄합니다. '나도 한때는 부모의 사랑을 받으며 자란 귀한 존재였는데 지금의 남편을 만나서 고생한다'라고 생각하는 거죠. 일종의 '신분 하락'과 같은 기분을 느끼는 것 같아요.

대표적으로 평강공주 이야기가 있어요. 다들 아시겠지만 평강은 가난한 바보 온달과 결혼한 왕족 출신이에요. 남부러울 것 없던 공주가 가난한 데다 모자라 보이는 남자와 결혼했으니 그녀의 혈통이 더욱 빛나 보이죠. 옛날 할머니들이 부르던 시집살이 민요도 하나같이 친정에선 곱게 자라다가 시집간 후에 고생하게 됐다는 한탄으로 시작합니다. "은가락지 끼던 손에 호미자루가 웬 말인가?" 하고 말이지요. 은반지 끼고 호강하던 자신이 시집 와서 호미로 밭을 갈고 있으니 한스럽다는 이야기이지요. 아마 이런 이야기 속에는 결혼 후 이러저러한 어려움을 겪으면서 무너질 대로 무너진 자존심을 회복해보려는 마음속 의도가 숨어 있을 겁니다.

결혼 후 여성들이 만나는 현실은 녹록지 않지요. 부모님의 돈을 쓰며 살 때는 몰랐던 쪼들림도 실감하게 되고, 시부모 앞에서 쩔쩔 매는 자신의 태도가 스스로 생각하기에도 참 씁쓸할 거예요. 거기다 육아도 집안일도 나 몰라라 하는 남편 때문에 24시간 항시 대기 상태로 가사 노동에 매달려 있지요. 이 모든 것이 여성의 자존감을 무너뜨리는 일이에요. 그러니 '나도 과거에는 잘 나갔는데…' 하는 기억으로 자신을 격려할 필요도 있을 겁니다.

그런데 로즈마리 님, 저는 젊은 여성들이 그런 초라한 현실과 맞닥뜨리는 경험이 나쁘지 않다는 생각이 드네요. 이건 비단 여성만의 문제가 아니라 남성도 마찬가지입니다. 트라우마가 생길 심각한 일이 아니라면, 자신이 가지고 있던 환상이 현실과 만나 무참히 깨지는 경험을 해보는 것이 인간의 성장 과정에서 꼭 필요하기도 하거니와 매우 중요합니다.

삶이란 게 원래 좀 누추합니다. 내 꿈을 펼치기에는 한계와 어려움이 너무 많고, 생각하고 계획하는 것은 모두 수고로운 노동을 필요로 하니까요. 그만그만한 살림살이로 그만그만한 의식주를 유지하기 위해서 우리는 늘 노심초사하며 살아야 하니까요. 그건 누추한 게 아니고 그저 엄연한 현실이지요. 어린 시절부터 끼고 있었던 환상과 낭만의 색안경을 벗었을 때 발견하게 되는 진실입니다. 결혼을 통해 그 사실을 터득했다면 당신은 놀랄 만큼 성장한 겁니다. 어쩌면 어려움을 잘 모르는 친정 엄마보다 훨씬 더 성숙했을 수도 있어요.

성숙하다는 건 인생의 바닥에 발을 디뎌보았다는 뜻입니다. 삶이 불행해질까 불안에 떨던 사람이 현실의 바닥에 발을 디디고 나면 마음이 상당히 단단해집니다. 생각보다 별거 아니네, 하는 생각을 하게 되는 거지요. 그러니까 성숙했다는 건 불행이 와도 잘 견뎌낼 수 있다는 걸 의미합니다.

성숙하다는 건 일상에서 아주 작은 일에도 기쁨과 행복을 느낄 수 있다는 걸 의미합니다. 크게 노력하지 않아도 주어졌던 것들이 보이지 않는 누군가의 수고와 눈물로 가능했다는 사실을 깨닫고 나면 일상의 작은 것들에 대해 민감하게 감사와 행복을 느낄 수 있게 됩니다. 오늘 하루 무사히 보낸 것, 예정에 없던 작은 돈이 생긴 것, 햇살 좋은 아침, 맛있는 커피 같은 것에도 감동을 느끼게 되지요. 그런 작은 일상을 누리고 표현할 수 있는 사람이 된다면 그 사람은 성인의 인간 발달 과정에서 가장 최고의 단계에 와 있는 사람입니다. 그리고 장담컨대 그런 부모의 태도만큼 아이에게 좋은 교육은 없습니다.

로즈마리 님, 아쉽겠지만 이젠 자신이 공주였다는 사실을 잊어야 할 때입니다. 공주란 왕인 아버지와 왕비인 어머니의 영역에 아직 소속되어 있는 존재를 의미합니다. 그러니까 한 가정의 어른, 부모라는 정체성보다 딸의 정체성이 더 강한 것이지요. 남편과의 연대보다 친정 부모와의 결속을 아직도 강하게 느끼고 있는 거고요. 심리학에서 딸이 엄마로부터 심리적으로 독립하는 건 아무리 강조해도 모자라지 않을 정도로 중요합니다. 그것이 부러움이든 또는 존경심이든 어머니에게 강렬한 감정을 느낀다면 여전히 어머니와의 동일시에서 벗어나지 못한 딸일 뿐입니다.

추측건대 당신은 부모님의 반대를 무릅쓰고 부모와는 다른 삶을 살기 위해, 삶의 다른 가치를 찾기 위해 지금의 남편과 결혼했을 거예요. 그야말로 자신이 주인공인 자신만의 삶을 살아내기 위해서 말이지요. 로즈마리 님이 선택한 것은 엄마와 분리된, 엄마와는 다르게 창조하는 삶에 있지 엄마에 못지않은 경제적인 여유에 있지 않았을 것입니다. 더 이상 공주가 아니어도 자존감을 유지하는 방법 또한 터득해야 해요. 그렇지 않으면 자꾸 엄마와 비교하고, 엄마에게 하소연하고, 엄마의 도움을 바랄지도 모릅니다. 딸이 살기 힘들다는 메시지를 자꾸 보내면 엄마도 굉장히 힘들어하실 겁니다. 기왕 반대하는 결혼을 했다면 그 결혼생활을 너끈히 살아내는 강한 딸이 되기를 엄마도 바랄 거예요. 그러니 엄마 앞에서 '힘들다'고 표현하는 걸 조금 참아보면 어떨까요?

그런데도 친정 엄마가 "누가 그런 남자 고르라고 했냐?"고 말한다면 "더 이상 그런 소리는 듣고 싶지 않다"고 단호하게 얘기하세요. 그리고 앞으로 어떻게 사는지 더 길게 보자고, 내가 선택한 삶을 능히 성공적으로 만들어보겠다고 마음속으로 다짐하세요. 로즈마리 님, 왕비 엄마의 그늘에서 벗어난 김에 검게 그을린 건강한 평민 여성이 되어보는 건 어떨까요? 강한 생존력을 지닌 세상 두려울 것 없는 그런 여성 말이에요. 아마 평강공주도 자신이 공주라는 사실을 잊고 열심히 살았을 겁니다. 그래서 사람들은 오히려 그녀가 공주였다는 사실을 오래 기억해준 거죠.

"
4

사사건건 간섭하는 시누이 때문에 스트레스 받아요

네 살 아들, 10개월 딸을 둔 엄마입니다. 집안일 잘 도와주는 남편에 잘 자라주는 아이들까지 주변에서는 부럽다고 말합니다. 하지만 고민이 전혀 없는 건 아니에요. 시누이 때문에 스트레스가 이만저만이 아니거든요.

시누이는 두 살 난 아이를 키우는데 만날 때마다 "언니, 애들 아직 이런 것도 안 시켜요?" 합니다. 그것도 꼭 시어머니 앞에서요. 그 애 길 들으면 마치 제가 아이 교육이나 육아에 관심 없는 며느리가 된 기분이랄까요. 얼마 전에는 시댁 김장을 할 때 제가 첫째 유치원 상담 때문에 조금 늦었는데 "어느 유치원에서 토요일에 상담을 해요?" 라고 말하지 뭐예요. 그 일 때문에 너무 화가 나서 돌아오는 길에 괜한 남편만 잡았네요.

한마디 해주고 싶은데 괜한 집안싸움 될까 걱정되고, 참자니 스트레스고. 어찌해야 할지 모르겠어요.

– 웅이맘 "

집안의 평화를 위해
내면의 전쟁을 감수하지 마세요

> 아들 한 명, 딸 한 명 고루 두고, 집안일 잘 도와주는 남편까지… 웅이맘 님은 정말 주위의 시샘을 많이 받겠네요. 그 시샘이란 게 긍정적으로는 부러움으로 표현되지만 사실은 질투거나 시기가 뿌리입니다. 아마도 시누이는 올케인 웅이맘 님이 남부러울 것 없이 단란한 가족을 꾸리고 사는 것에 질투와 시기를 느끼나 봅니다. 그래서 올케 언니를 자극해 괴롭히고 싶은 거지요.

그럴 수 있어요. 올케 언니를 행복하게 해주는 짝꿍이 다름 아닌 자신의 오빠니까요. 누군가 시누이에게 질투를 느끼느냐고 묻는다면 펄쩍 뛸지도 모릅니다. 그저 언니가 하는 일이 마땅치 않을 뿐이라고 주장하면서요. 그것도 그럴 수 있습니다. 인간은 자신의 무의식에서 일어나는 일을 모두 다 알아채지 못하니까요. 더더구나 질투와 같이 부정적인 감정은 절대 인정하고 싶지 않을 테니 그저 언니가 하는 일이 마음에 들지 않을 뿐이라고 생각하겠지요.

우리 인간에게는 세 가지 종류의 뇌가 있습니다. 이른바 파충류 뇌, 포유류 뇌, 그리고 인간의 뇌가 그것입니다. 파충류 뇌의 부위는 뇌간

인데, 생존과 관련된 즉각적인 반응을 하는 곳입니다. 예를 들어, 싸울 것이냐, 도망갈 것이냐를 판단하고 반응하는 것이지요. 포유류 뇌는 파충류 뇌보다 진화한 부위로 대뇌 변연계를 가리키며, 감정의 뇌라고도 합니다. 세 번째, 가장 진화한 층인 인간의 뇌는 대뇌피질로 그곳에서 비로소 이성적 사고, 추론, 언어, 윤리, 도덕 등의 고차원적 사고가 이루어집니다.

그렇다면 우리 인간이 가장 많이 사용하는 뇌는 어떤 것일까요? 인간이니까 인간의 뇌라고 생각하겠지만 아닙니다. 우리는 대부분 파충류 뇌와 포유류 뇌에서 벗어나지 못한답니다. 그래서 사고나 질병으로 인간의 뇌 일부분을 제거한 사람도 별 무리 없이 사회에 적응해서 살아갈 수 있다고 하지요. 우리가 인간적이라고 생각하면서 행동하는 많은 부분이 사실은 파충류나 동물에게서도 발견됩니다. 구애, 질투, 견제, 기 싸움, 으스댐, 자랑스러움, 리더십, 규율이나 위계질서, 모성애, 애착, 분노, 외로움 같은 것들 말입니다.

응이맘 님, 시누이의 이유 없는 공격성을 인간적인 차원에서 해석하면서 억울해하지 마세요. 시누이뿐 아니라 이 세상을 살아가다 보면 인간적으로 전혀 이해되지 않는 행동을 하는 많은 사람과 관계를 맺게 됩니다. 거칠고 몰상식하게 군다면 차라리 무시할 수 있겠지만 대부분은 세련미와 합리성 같은 걸로 그럴 듯하게 치장하고 있어서 우리를 무척 곤혹스럽게 하고 혼란스럽게 만들지요. 그러니 이런 동물적이고 본능적인 측면을 잘 이해하고 다룰 수 있는 '관계의 기술'이 우리에겐 꼭 필요하답니다. 다시 말씀드리지만 '인간관계'란 반드시 인간적인 차원의 관계를 의미하는 것이 아니기 때문입니다.

시누이 내면에 있는 그 본능적인 측면은 어떻게 다루어야 좋을까요? 사람마다 각각 대응 방식이 다를 겁니다. 누군가는 속칭 '맞짱 뜨는 것'이 먹힐 것이고 누군가에게는 적당한 아부나 특별한 선물 같은 게 통할 수도 있습니다. 서열상 웅이맘 님이 시누이보다 윗사람이라는 걸 명확히 알려주는 게 필요할 수도 있고요. 능청스러운 농담이 가능하다면 뼈 있는 농담을 던져보는 것도 좋습니다. "아가씨, 애들 교육에 대해 잘 아나 봐요"라거나 "나 지금 아가씨한테 야단맞는 거예요? 마음 아프네요" 하는 식으로요. 어떤 방법을 구사하든 상대에게 '내가 지금 너의 공격성을 지켜보고 있으며 나도 참지만은 않을 것'이라는 사실을 전달하는 게 중요합니다. 그러면 상대는 찔끔 하면서 좀 조심하게 됩니다.

심리적으로 보자면 그 누구의 공격이라도 내가 대수롭지 않게 여기면 상처가 되지 않습니다. 다시 말해 상대가 공격을 해도 받아들이는 사람이 그걸 공격이라고 생각지 않으면 그 공격은 힘을 잃습니다. 심지어 공격한다는 것을 알아차리더라도 내가 감정적 상처를 입지 않으면 적절하게 대응할 수 있습니다. 물론 신체적 공격이 아닌 감정적 공격일 때 그렇습니다.

문제는 감정적 상처입니다. 감정적으로 상처 입어 화가 나기 시작하면 그 화를 다스리느라 그리고 상대가 나의 화를 알아챌까 두려워서 현실적으로 적절한 대응을 하기 어려워집니다. 시누이가 하는 말에 비교적 빨리 대응했다면 뼈 있는 농담으로 끝내도 될 것을 참는 사이 상처가 곪고 분노는 더욱 커져 반격이 불가능해지는 것이지요. 자신의 분노의 크기가 웅이맘 님 말대로 '집안싸움이 될 것처럼' 크게 느껴지기 때문입니다.

우리 인간이 저지르는 몇 가지 인지적 오류 중에서 '재앙화'라는 것이 있습니다. '내가 한번 화를 내면 전혀 다스리지 못해서 결국 폭발하고 모든 게 파국을 맞을 거야'라고 생각하면서 화를 꾹꾹 눌러 참는 것입니다.

너무 걱정하지 마세요. 파국적인 감정 폭발은 막장 드라마에나 등장하는 장면이고 우리 대부분은 화를 내면서도 스스로를 잘 통제합니다. 아주 멋진 대결을 만들지는 못할지라도 재앙으로 끝나지는 않을 것입니다. 그러니 집안의 평화를 위해 자기 내부의 전쟁을 감수하지 마세요. 자기 내면의 전쟁은 곧 부부간 전쟁이 될 수 있고, 가족 전쟁으로 비화될 수도 있답니다.

'지피지기면 백전백승'이라는 아주 익숙한 고사성어가 있지요. 시누이 성향을 잘 파악하고, 자신의 마음을 잘 헤아리면 지혜롭게 대처할 수 있을 겁니다.

"
5

잘사는 동생 때문에 자꾸 움츠러들어요

한 살 어린 여동생에게 자격지심이 들어 고민이에요. 전 같은 대학 의대생을 만나 결혼했고, 다음해에 여동생은 직장을 다니다 음식점을 하는 사업가와 결혼했어요. 그런데 남편의 병원이 생각만큼 잘 안 되더라고요.

동생은 제부 사업이 대박 나서 떵떵거리고 살아요. 부모님에게 용돈도 듬뿍 드리고, 얼마 전에는 큰 아파트로 이사도 갔어요. 우린 아직 32평 전세에다 병원 낼 때 얻은 빚도 다 못 갚았는데 말이죠.

집안에서 저는 공부 잘하고 예쁜 딸이었어요. 좋은 남편 만나서 결혼하면서 집안의 자랑이었는데, 이제는 집안의 고민이 되었네요. 사실 남들이 생각하는 '의사'만큼 돈을 잘 벌지 못할 뿐이지, 지금 이 나이에 적당한 생활을 하고 있다고 생각하거든요. 그런데 동생 때문에 비교가 되어서 그런지 자꾸 위축이 돼요. 선생님, 위로 좀 해주세요.

– 후니맘 "

한때의 행복과 불행에
너무 마음 두지 마세요

> 동생에게 느끼는 불편감, 충분히 공감합니다. 우리 사회는 형제자매의 위계질서가 비교적 뚜렷하기 때문에 부모님도, 당사자도 언니는 동생보다 모든 면에서 더 잘나야 한다는 생각에서 자유로울 수 없을 거예요. 특히 과거 누구보다 빛나는 딸이었다면 더더욱 지금의 뒤바뀐 상황을 받아들이기 힘들겠네요. 그래도 그런 자신의 감정을 솔직히 인정하고 이렇게 고백하다니 어려운 일을 해낸 후니맘 님을 칭찬하고, 어깨를 토닥여 위로해드리고 싶어요.

자격지심이 든다고 하셨는데, 더 정확히 말하자면 후니맘 님이 동생에게 느끼는 감정은 시기나 질투, 경쟁심, 열등감, 부러움, 선망 등으로 표현할 수 있습니다. 더 정확하게는 시기심이라고 할 수 있어요. 김형경은 《사람 풍경》에서 질투심과 시기심을 이렇게 분류합니다. 질투심이 세 사람 사이의 감정이라면 시기심은 두 사람 사이의 감정이라고요. 다시 말해 시기심의 뿌리는 '상대방이 가진 것이 내게 결핍되어 있다'는 생각입니다. 아마도 후니맘 님은 동생이 자신을 앞질렀으며 자신이 갖지 못한 것, 또는 자신이 잃어버린 것을 누리고 있다고 생각하는 것 같아요.

우리가 부정적이고 부끄러운 감정이라고 여기는 이런 감정들은 우리 문화가 터부시하는 것들이라 거론하기 조심스럽지만 이는 인간이 태어날 때부터 본능적으로 느끼는 감정들입니다. 대상관계이론은 아기가 처음 질투심을 느끼는 대상은 엄마의 젖가슴이며 영유아기의 이런 시기심은 부모의 인정과 사랑으로 극복될 수 있다고 주장하지요. 인간은 태어나자마자 질투와 시기를 경험한다는 것입니다.

성인이 되었다고 해서 우리가 그런 감정에서 자유로울까요? 그렇지 않습니다. 우리는 끊임없이 질투와 시기와 선망의 감정에 사로잡혔다가 놓여났다가를 반복하며 살아갑니다. 후니맘 님은 동생에게 불편한 감정이 있다는 걸 솔직히 시인했지만 대부분의 사람은 자신이 느끼는 감정이 질투인지도 모른 채 감정적으로 상대에 집착할 때가 많답니다. 우리가 누군가에게 못마땅한 감정을 느낄 때뿐 아니라 누군가를 열렬히 좋아하거나 존경할 때, 엄청난 관심을 가지고 간섭할 때, 누군가의 앞날을 걱정하고 근심할 때, 애착을 느낄 때조차 그것이 질투일 수 있다는 건 참 놀라운 일입니다. 질투의 대상은 유명인, 친구나 선후배, 형제와 자매일 수도 있지만 남편과 아내일 수도 있으며 심지어는 부모나 자식일 수도 있습니다. 그야말로 질투는 우리의 일상이지요.

문제는 그뿐만이 아닙니다. 질투심이 강해지면 이 부정적인 감정을 억누르고 통제하려는 도덕적인 힘도 강해집니다. '내가 언니로서 이러면 안 돼. 속 좁게 굴면 안 돼. 나 너무 못난 거 아니야?' 하면서 말이에요. 사실은 마음속의 이런 긴장 상태가 우리를 더 지치게 만들고, 덩달아 자존감도 낮아집니다. 요즘 후니맘 님은 그런 감정들과 씨름하는군요. 이런 복잡한 내면의 역동 때문에 동생을 편하게 보기도 어렵고, 만나기 싫었을 수도 있어요. 참 고약한 상황이지요.

그러니 질투의 강도를 조절하는 것이 필요합니다. 질투하는 마음을 약화시키려면 질투의 대상에 맞춰진 관심을 거둬들여 자신의 삶을 좀 더 의미 있게 가꾸는 데 집중해야 합니다. 위로가 될지는 모르겠지만 솔직히 말해서 후니맘 님은 지금 굉장히 중요한 인생의 지혜를 터득하는 과정에 있답니다. 일단 동생에 대한 우월감을 내려놓았을 거고, 삶이란 이처럼 늘 뒤바뀌고 변화하는 것이라 함부로 자신할 수 없다는 사실을 깨달았을 거예요. 내가 우등생일 때 내 뒤에서 나로 인해 슬퍼했던 누군가가 있었다는 사실도 잊지 마세요. 그래서 삶이란 것은 단순히 기뻐할 일도 없고, 완전히 비극적일 것도 없지요. 삶의 이면, 인생의 다른 얼굴을 경험하면 우리의 생각도, 태도도 유연해집니다. 그것이야말로 정신적인 건강이며 성숙입니다.

앞으로도 삶은 계속 변화할 것이고 그러니 한때의 행복과 불행에 대해 너무 마음 쓸 것 없다는 사실도 알게 되겠지요. 더불어 경제적인 풍요나 사회적인 성공에 초점을 맞췄던 이제까지의 생각을 변화시켜 '지금 여기'의 삶의 질을 높이는 데 관심을 가져보세요. 유연하고 성숙한 태도로 지금 여기의 삶에 집중한다면 이보다 여유 있고 풍요로운 삶이 또 있을까요.

특히 후니맘 님 자신의 행복과 성장을 위한 일들을 새롭게 모색해 보세요. 남편의 사회적 지위와 상관없는 자기 자신의 일 말이에요. 작은 취미생활을 시작해도 좋습니다. 남편과 아이와 진정으로 소통하고 관계를 증진시키는 일에도 관심을 가져보세요. 그러다 보면 어느새 동생과의 관계가 한결 편안해졌다는 걸 느끼게 될 거예요. 자신의 삶에 만족하면 상대에 대해 한층 너그러워질 수 있답니다.

"
6

결혼 전엔 그렇게 좋았던 남편이
지금은 보기만 해도 짜증이 나요

저와 남편은 열네 살 차이가 나요. 아빠가 일찍 돌아가셔서 아빠처럼 의지할 수 있는 남편이 좋았어요. 제 또래 남자들처럼 저에게 다정다감하지는 않았지만 듬직해서 좋았어요.

그런데 결혼한 지 5년이 지나니까 정말 영감님하고 사는 느낌이네요. 아래층에 저보다 두 살 어린 엄마가 있는데 그 엄마네 남편이 너무 자상해요. 처음에는 유난스러워 보였는데 올 초에 둘째를 낳고 보니 육아는커녕 설거지 한 번을 안 도와주는 남편이 너무 미워요. 제가 뭐 자상한 남편을 바라는 건 아니지만, 새벽에 아기가 아무리 울어도 눈 하나 깜짝 안 하는 남편을 보면 정말 밟아주고 싶더라고요. 첫째 때는 오히려 남편이 깰까 조심스러워하던 저였는데 말이죠. 저는 그렇다 치더라도 아이들한테만이라도 살갑게 대해줬으면 좋겠어요. 분명 우리 남편은 원래 그런 사람이었는데, 제가 이상형이 바뀌었나 봐요. 어떡해야 할까요?

— 하은맘 "

심리적 아빠와 현실의 남편을 구분하세요

> 이상형이 바뀐 건 지극히 당연한 일이고, 또 어떤 점에서는 축하할 만한 일입니다. 이제 비로소 자신이 선택한 남자가 어떤 사람인지, 그리고 자신이 남편을 어떻게 생각해왔는지 깨닫기 시작한 겁니다. 첫째 때는 아이가 울어도 남편이 깰까 봐 조심스러워했다니 하은맘 님은 혹시 남편을 아빠처럼 모시고 살아야 하는 존재로 여긴 건 아니었는지 묻고 싶네요.

아빠처럼 의지할 수 있는 듬직한 남편이 좋았는데, 아이 낳고 살아보니 아내에게 도움을 주지 못하는 남편이어서 실망했나 봐요. 많은 여성이 하은맘 님과 같은 경험을 하면서 결혼을 후회합니다. 눈이 삐었지, 그땐 저 남자가 뭐가 좋아서… 하면서 말이지요. 어디 여성들만 그러겠어요? 남편들도 아내에 대해 그렇게 생각한답니다.

심리학자들은 부부가 결혼 후 서로에 대해 실망하는 것이 결혼에 의식적 의도와 무의식적 의도가 병존하기 때문이라고 주장합니다. 《결혼의 적들》이라는 책을 쓴 세르주 헤페즈와 다니엘 로페르는 이렇게 이야기합니다. 결혼할 때 남녀는 겉으로 드러나는 명시적인 거래와 무의식적인 암묵적 계약이라는 이중의 계약 관계를 맺습니다. 배우자를 선택할 때 의식적인 이유와 무의식적인 이유가 다르다는 것이지요. 하은맘 님의 경우를 예로 들면, 의식적으로는 아빠가 일찍 돌아가셨기 때문에 아빠의 사랑을 대신할, 의지가 되는 남자가 필요했다고 생각했지만 무의식적으로는 아내를 배려하거나 보호하지 못하는 남편을 만나서 아빠 상실을 반복한 것일 수 있습니다. 우리는 행복한 일뿐 아니라 불행한 일도 무의식적으로 반복하는 경향이 있습니다. 이걸 심리적 패턴이라고 하지요. 알코올의존증에 걸렸던 아버지 때문에 고통받았던 여성이 술 좋아하는 남자에게 끌려 결혼하는 것처럼 말입니다.

어떤 점에서 하은맘 님의 아버지와 남편은 비슷한 특성을 가지고 있습니다. 부재한 아버지와 현실적인 도움이 되어주지 못하는 남편은 어찌 보면 닮은꼴입니다. 존재하지 않는 아버지에게 정신적으로 의지하면서 하은맘 님은, 그리워하지만 가질 수 없는, 자신을 외롭게 하는 부성상이나 남성상에 익숙해졌을 수 있습니다.

그토록 아빠의 정을 그리워했는데 왜 굳이 부실한 남편을 만나 아빠 상실을 반복하게 됐을까요? 아빠와 사별한 후 남겨진 가족은 아마도 비상체제 속에서 살았을 겁니다. '아빠 없이도 잘 살아야 해, 잘 버텨야 해' 하는 심정으로 스스로를 촉구하고 격려했을 수도 있습니다. 그리고 그것에서 나름의 의미를 찾았을 수도 있어요. 인간은 고통에 익숙해지면 고통 속에서 나름의 살아 있음을 발견하게 됩니다. 그래서 삶이 단조로울 때 종종 고통을 불러들이기도 하지요.

또 아빠 없는 상황에 대한 지극한 자기 연민이 다시 그 상황으로 돌아가게 만들기도 합니다. 아빠 상실을 슬퍼하고, 그리워하는 무의식적 간절함이 아빠와 비슷한 남편을 만나게 하는 것이지요. 어쩌면 '아빠 없이도 우리가 이렇게 잘 살았어요' 하는 걸 보여주고 싶었을 수도 있습니다. 이건 인간이 왜 문제 상황 또는 트라우마적 상황을 반복하는지에 대해 설명하는 심리학의 내용입니다.

관점을 조금 달리 해서 다른 해석도 가능합니다. 하은맘 님의 표면 의식은 아빠처럼 의지할 수 있는 사람이 필요했다고 설명하지만 무의식은 지금의 남편처럼 자기표현에 서툴고, 어린아이 같은 내면을 가진 사람에게 끌렸을지도 모릅니다. 다시 말해 모성애 같은 것을 느꼈을 수 있습니다.

여기서 하은맘 님 자신에 대한 새로운 이해가 필요합니다. 당신은 자기 자신이 정말 부성애를 필요로 하는 약한 사람이라고 생각하나요? 그렇지 않을 겁니다. 제가 추측하기에 당신은 아버지의 보호 없이도 건강하게 성장한 강한 분입니다. 하은맘 님의 가족 환경을 다 알 수는 없지만 당신은 남편 없이 자식을 기른 어머니를 보면서 자란 딸이기도 합니다. 가만히 생각해보세요. 결혼하고 지난 5년 동안 두 아이를 키우면서 자신이 생각보다 강인한 힘을 가지고 있다는 것을 감지한 적이 있지요?

요약하자면 이렇습니다. 의식적으로는 아빠 같은 남자와 딸 같은 여자의 결합이었지만 내면적으로는 아들 같은 남자와 강한 어머니 같은 여자가 공명했을 수 있습니다. 시간이 흘러 상황이 변했고, 변화한 상황에 맞게 두 분의 내면에 숨겨져 있던 본성이 드러나는 것입니다. 그래서 많은 여성이 결혼 후 고양이에서 호랑이로 변하는지도 모릅니다.

우리는 이처럼 배우자를 선택할 때 무의식적 요구에 따르는 경향이 있습니다. 이 무의식적 의도를 알아채지 못하면 불평하면서도 그 관계에 얽매여 변화 없이 살아가게 됩니다. 다행이 하은맘 님은 현실의 고단함을 경험하면서 아이 양육과 가사 노동을 도와줄 책임감 있는 남편이 필요하다는 사실을 인식했네요. 축하합니다.

이제 당신의 마음속에 남아 있는 아빠와 남편을 구분하고, 남편에게 남편의 역할을 요구하세요. 힘들고 지친다고 털어놓으시고, 자신이 바라는 남편상이 무엇인지 말씀하세요. 남편이 자신의 역할을 제대로 맡을 때까지 말이지요.

"
7

시어머니가
제 임신을 좋아하지 않아요

임신 3개월 되는 예비맘이에요. 임신테스트기로 확인하고도 워낙 임신 초기라 좀 불안해서 조용히 있다가 엊그제 아기 심장 소리 듣고 시댁에 손주 생겼다고 알려드렸죠. 당연히 저는 '축하한다'는 반응을 기대했는데 시어머니가 대뜸 "그럼 직장은 어떡하니?" "애 낳으면 직장은 계속 못 다니지?" 하시는 거예요. 혼자 돈 벌면서 고생할 남편만 생각하는 것 같아서 '시월드'는 어쩔 수 없구나 싶네요. 아직도 서운한 마음이 풀리지 않고 시어머니 대하기가 껄끄러워요.

— 미샤 "

시어머니도 자신의 역할이 낯설답니다

> 사실 시부모는 손주가 낯설답니다. 첫 손주라면 더더욱 그렇죠. 손주는 여성과 남성을 할머니와 할아버지로 만드는 존재잖아요. 나이 드신 분들은 흔히 "마음만은 이팔청춘"이라고 이야기합니다. 인간의 수명이 늘어나다 보니 요즘은 시부모 세대가 얼마나 젊어 보이는지 몰라요. 나는 아직도 청춘인 것 같은데 자식이 어느새 연애를 해서 결혼을 하더니 아이까지 낳는 거예요.

자식이 결혼해서 아이를 낳을 때가 되면 부모는 더더욱 자기 위치와 역할이 낯설고 어색하게 느껴질 수 있습니다. 시부모나 장인, 장모가 되고, 할머니, 할아버지가 되는 일은 어찌 보면 원해서 된 일이 아닐 수도 있습니다. 남편과 아내, 엄마와 아빠가 되는 게 당사자의 의식적 선택에 의한 결과라면 할머니, 할아버지는 자신의 의지와 상관없이 그냥 주어진 역할입니다.

부부나 부모가 되는 것이 자신이 선택한 일이라고 해도 한동안은 낯설고 어색합니다. 그러니 할머니나 할아버지는 더하겠지요. 다만 그분들이 받아들이려고 애쓰고, 어른인 척 역할 연기를 해서 우리 눈에는 자연스러워 보였던 거지요.

게다가 부모는 젊은 자식들이 부럽답니다. 꽃다운 며느리, 젊은 애기 엄마, 늠름한 사위의 모습은 한때 자신의 모습이기도 했는데 어느새 당신들은 주인공 자리를 물려주고 뒤로 물러나는 존재가 되었으니까요. 나이 든다는 건 그런 부러움과 서운함을 안으로 삼키고 승화시켜서 기꺼이 침묵하는 조연이 되는 일입니다. 노인을 쓸모없는 존재 취급하는 현대사회에선 더더욱 그렇지요. 그러니 며느리를 배려하는 멘트를 하는 일이 그들에게 그다지 기꺼운 일은 아닐 겁니다.

미샤 님의 시어머니가 '축하한다'는 말을 하지 않으셨다고요. 아마도 며느리의 임신 소식에 만감이 교차되어 시어머니로서의 가면을 쓰고 예의를 지키는 일을 깜빡하셨나 보네요. 저는 오히려 미샤 님이 어머니의 행동에 왜 그토록 서운해하는지, 왜 불편한 감정이 풀리지 않는지 묻고 싶습니다. 이전에도 시어머니와의 관계에서 서운한 일이 많았나요? 아니면 시어머니에 대한 기대가 너무 컸던 걸까요?

시어머니에 대한 기대가 크다는 건 친정어머니의 사랑을 시어머니에게서 기대한다는 건데요. 시어머니는 그저 남편의 어머니일 뿐입니다. 딸도 성인이 되면 친정어머니와 거리감을 확인하게 되지요. 부부간에도 마찬가지입니다. 여성들이 결혼하고 나서 경험하는 건 남편이 결코 일심동체가 아니라는 사실입니다. 하물며 남편의 어머니라면 어떻겠어요? 그녀가 이기적이거나 자신의 아들만 챙기는 건 어찌 보면 지극히 당연한 일입니다.

결혼해서도 어머니 세대에게 어머니다운 역할을 기대하는 건 내가 심리적으로 성인이 되지 못했다는 소리일 수 있습니다. 어린 시절 부모에게서 충분히 사랑받지 못했다고 생각하는 여성 중에는 시부모에게 이상적인 부모 사랑을 기대하고 그래서 시부모에게 최선을 다하는 경우가 있지요. 불행하게도 그 노력에 상응하는 사랑을 받는 여성은 많지 않습니다. 사랑받고자 하는 욕구는 대부분 좌절되니까요. 시어머니 입장에서는 며느리가, 아껴줘야 할 대상이 아니라 부러운 대상이고, 보호해줘야 할 어린아이가 아니라 오히려 나이 든 자신이 의지해야 할 성인입니다.

미샤 님 말씀 대로 아들 가진 '시월드'이기 때문일 수도 있어요. 그렇지만 친정 부모도 더 이상 자식에게 과거와 같은 무조건적인 사랑을 주지 않을 거예요. 친정 부모 역시 딸의 임신은, 기다리던 늦은 임신이 아니라면 낯선 소식입니다.

이제 예비맘이 되었으니 시어머니가 알아서 해주겠지 기대하기보다는 자신의 이익을 적극적으로 챙기는 훈련을 해보세요. 우선 미샤 님이 자신의 임신에 대해 충분히 기뻐하고 축하해주세요. 남편과 어떤 기념이 될 만한 이벤트를 계획해보는 것도 좋을 것 같습니다. 그리고 시어머니에게 넌지시 얘기해보세요. "어머님, 손주 생기는 거 기쁘지 않으세요? 축하해주실 줄 알았는데 서운했어요"라고요. 추측이나 편견을 버리고 이런 질문도 해보세요. "어머니는 제가 아이 낳고도 직장에 계속 다녔으면 하세요? 직장은 어떻게 할 거냐고 물어보셔서 저도 궁금해졌어요. 혹시 저희가 경제적으로 어려울까 봐 걱정하신 거예요?"라고요. 그러면 시어머니도 자신의 태도를 돌아보게 될 거고, 미샤 님도 시어머니를 좀 더 이해하게 될 겁니다.

미심쩍은 마음을 너무 오래 품지 마세요. 처음엔 예의가 아니라서, 상대가 마음 상할까 봐 참았던 마음에 오해가 쌓이고 쌓이면 괜히 스스로 상처 받으면서 관계 역시 돌이킬 수 없어진답니다. 그렇게 되면 자신의 감정이 잘못된 게 아니라는 걸 확인하고 싶어져서 오해가 될 만한 생각을 더 하게 되지요. 결국 가장 상처 입는 사람은 나 자신입니다.

"
8

잔소리하는 친정 부모님 때문에 마음이 상해요

얼마 전 다섯 살 된 아이와 친정집에 갔을 때 일이에요. 자기를 예뻐하는 할머니, 할아버지 앞이어서 그런지 아이가 식탁에서 버릇없이 굴기에 방에 데리고 가서 따끔하게 야단을 쳤습니다. 아이가 울었지만 그대로 두면 안 된다고 생각했어요. 그렇게 30분 정도 있다 나왔는데 친정 부모님이 저한테 한바탕 잔소리를 늘어놓으시는 거예요. "별 것도 아닌데 애 잡는다"고요. 아이 앞인데 민망하기도 하고 내 육아 원칙이 존중받지 못한다는 생각에 기분이 너무 상했어요. 갑자기 친정 부모님이 너무 멀게 느껴졌고요. 제가 이상한 걸까요?

- 민천사 "

부모님에게 당신은
여전히 어린 딸입니다

> 아이는 엄마에게 야단을 맞고 엄마는 또 자신의 부모님에게 야단을 맞았네요. 부모들은 참 이상하지요. 자기 자식에게는 엄격했으면서 손주에게는 너그러우니 말입니다. 나에게는 그토록 혹독했던 부모가 내 자식 앞에서는 더없이 자상한 할머니 할아버지 노릇을 하는 게 너무 낯설고 화났다고 털어놓는 엄마들도 있지요.

부모가 그렇게 변한 데는 나름의 이유가 있을 겁니다. 아이를 기른 경험이 많아질수록 부모로서 많이 훈련되기 때문에 더 너그러워지는 것 같아요. 아이는 성장 과정에서 여러 번 변하기 때문에 당장 눈에 보이는 문제에 일희일비할 필요가 없다는 걸 깨닫는 거죠. 어린 시절엔 천방지축이던 아이가 몇 년 후에는 누구보다 예의 바른 아이로 변해 있기도 하니까요. 부모가 가르쳐서가 아니라 제가 스스로 변하는 거예요. 그 모습을 보면서 과거에 자식들에게 그렇게까지 엄격할 필요가 없었는데 하며 후회하셨을지도 모릅니다.

그러나 당신들이 체험하고 깨달은 것에 대해 너무 과신하면서 자식 세대에게 자신이 얻은 삶의 정답을 강요하는 것은 옳지 않습니다. 민천사 님도 부모님처럼 육아 경험이 더 필요합니다. 실수하고 반성하면서 아이들과 전전반측의 시간을 보낸 뒤에, 엄마로서 내가 좀 더 너그러워질 필요가 있겠구나 하고 스스로 깨닫는 게 가장 이상적이지요.

자식을 야단칠 대상으로 보는 것은 더더욱 문제입니다. 딸의 양육 방식이 잘못되었다고 아이가 보는 앞에서 잔소리를 하는 건 그 누구에게도 좋을 리 없는 태도입니다. 그날 민천사 님은 아이를 야단쳤고, 민천사 님의 부모님은 민천사 님을 똑같은 방법으로 야단친 겁니다. 자식에 대한 태도가 민천사 님이나 부모님이나 다를 바 없었던 것이지요. 어쩌면 부모는 자기 자식에게는 끝까지 미숙한 존재인지도 모르겠습니다.

자식은 부족한 존재가 아니라 나와 다른 존재라고 봐야 합니다. 세상을 부모만큼 살아보면 부모의 생각에 동의하게 될지도 모르지만 그렇다고 해서 지금의 자식이 하는 행동이 잘못된 것은 아닙니다. 지금의 나와는 다른 조건을 갖고 있기 때문에 나와 다른 특성을 보이는 것일 뿐이지요. 이런 마음으로 자식을 대하지 않는다면 자식은 부모 앞에서 평생 부족한 존재이고, 평생 부모의 지적과 잔소리를 들으면서 살아야 하는 존재가 됩니다.

자식을 부족한 존재로 보지 않으려면, 자식이 지금 하고 있는 행동이 지금의 나이와 여건에 가장 잘 맞는 그 아이의 특성이라고 인정해줘야 합니다. 부모가 자신의 삶에서 터득한 걸 알려줄 수는 있지만 야단치지는 않아야 합니다. 부모가 터득한 지혜를 자신의 삶에서 선택할지 말지는 자식이 결정해야 하는 문제이기 때문입니다. 물론 부모들은 자식이 하루빨리 성장하기를 바라는 욕심에 화를 내기도 합니다. 그러나 그건 부모의 잘못된 강요라는 사실을 정확히 알아야 합니다.

마찬가지로 민천사 님도 아이를 이해해줘야 합니다. 아이는 자기를 예뻐해주는 사람들과 있으니 들떠서 과잉 행동을 했을 겁니다. 기분이 무척 좋았던 거지요. 아이들은 그렇게 자주 흥분합니다. 그렇다면 방으로 데리고 가서 야단치기보다는 다른 방식으로 아이의 행동을 조정해주었어야 합니다. 버릇없이 굴었다는 건 어른의 생각이지 아이들은 자기 행위가 사회적으로 어떤 의미를 가지는지 잘 모르니까요.

이번에는 민천사 님이 친정에서 한 행동을 돌아볼 필요가 있습니다. 철저히 독립적인 성인으로서 한 행동인지 말이에요. 부모가 보는 앞에서 아이를 야단친 이유는 무엇인가요? 혹시 부모님에게 민천사 님이 자식을 잘 키우고 있다는 걸 보여드리고 싶었던 건 아닌가요? 자식은 성인이 되어서도 부모에게 인정받고 싶으니까요.

친정에서 부모님과 성인 대 성인으로 만났다면, 또는 이웃의 어른과 만난 자리였다면 다른 태도를 보였을 수 있습니다. 민천사 님은 그렇게까지 아이를 야단치지 않았을 거고, 이웃 어른도 민천사 님에게 잔소리를 늘어놓지 않았겠지요. 남들과 하는 그 정도가 부모 자식 관계에서도 정상입니다.

민천사 님은 부모님에게 잔소리를 듣고 민망하고 화가 많이 났을 겁니다. 부모님이 민천사 님을 어른으로 대하지 않았고, 민천사 님이 선택한 교육 방식을 인정하지 않았으니 충분히 마음이 상할 수 있습니다. 내가 어렸을 때는 엄격하던 부모님이 손주에겐 왜 이렇게 너그러운가 싶어 배신감과 질투를 좀 느꼈을 수도 있습니다.

어쨌든 부모님이 멀게 느껴지는 건 참 반가운 소식입니다. 누구의 시선도 의식하지 않는 독립된 어른으로서 육아의 주체가 되기 위해서는 먼저 부모와 분리돼야 하니까요. 부모로부터 존중받기 위해서도 어느 정도의 거리 두기와 선 긋기가 필요합니다. 관계가 조금 서먹해지더라도 예의를 갖추어 존댓말이나 존칭을 사용하고, 부모님의 야단이 지나치지 않게 적당한 선에서 화제를 바꾸는 것도 좋습니다.

부모님의 이런저런 잔소리에 강해질 필요가 있습니다. 저게 부모님의 의견이구나 정도로만 생각하고 받아들이세요. 인생 선배나 전문가의 조언처럼 부모님의 조언도 참고할 수는 있습니다. 부모님이 그랬던 것처럼 젊은 부모들도 온몸으로 실천하고 경험하면서 자신만의 지혜를 터득할 의무와 권리가 있으니까요.

"
9

아이들만 챙기는 남편에게
서운한 마음이 들어요

결혼 8년 만에 어렵게 쌍둥이를 낳아서 지금 18개월째입니다. 한참 애교 떨고 예쁜 짓만 해서 제 눈에 예쁜 건 말할 것도 없지만 남편은 좀 유별나다 싶을 정도로 애착을 넘어서서 아이들에게 집착해요. 저에게는 따뜻한 말 한마디 건네지 않으면서 무조건 애들 입을 것, 먹을 것, 놀 것만 부지런히 챙기네요.

남들은 아내가 아이들만 챙겨서 남편이 힘들다는데 저희 집은 완전히 반대예요. 물론 남편 마음을 모르는 건 아니지만 어떨 때는 너무하다 싶을 정도죠. 아이들에게 질투 비슷한 감정까지 느끼는 저, 정상인가요?

— 둥이 "

남편에게 관심과 애정을
당당히 요구하세요

> 둥이 님 말씀을 들어보니 질투 날 만하네요. 특히 남편이 아내에게는 좀체 안 하던 행동을 아이들에게 유난하게 하고 있다면 배신감과 질투심 모두 느낄 수 있습니다.

삼각관계에서 발생하는 감정을 질투라고 하지요. 삼각관계라고 하면 우리는 보통 이성관계를 떠올립니다. 한 남자와 두 여자, 또는 한 여자와 두 남자 사이에서 느끼는 감정 말이지요. 그렇지만 부모를 가운데 두고 형제자매 간에 느끼는 감정도, 또 아내나 남편이 아이들과의 관계에서 느끼는 감정도 삼각관계에서 경험하는 것입니다.

가족 안에서 자신의 위치를 찾지 못해 그에 걸맞은 대우를 받지 못할 때도 이런 당황스러운 감정을 느끼게 됩니다. 아내 혹은 남편 자리를 슬며시 차지하게 된 자식들 때문에 소외된 엄마와 아빠가 의외로 많이 있습니다. 우리나라에서는 대부분 남편이 소외되는데요. 아내와 자식의 관계가 밀착되면서 부부 관계가 소원해지기 때문입니다. 그럴 때 소외된 부모가 자식에게 느끼는 심경은 참으로 복잡합니다. 질투심과 그 질투심을 비난하는 내면의 목소리가 뒤엉켜 당혹스럽기 그지없지요.

　그런데 둥이 님 경우는 일종의 무의식적 경보인 것도 같습니다. 가족 관계, 그중에서도 부부 관계가 잘못되고 있다는 걸 알려주는 마음의 사이렌 같은 거요. 그것이 약간의 질투심과 연결돼 문제를 똑바로 볼 수 없게 만들고, 할 말을 하지 못하게 만드는 거지요.

　가족학이나 가족심리학에서 부부 관계는 참 중요합니다. 부부 관계가 돈독하고 균형 잡혀야 나머지 가족 관계도 원만해지고 흔들리지 않으니까요. 부부는 가족이라는 건축물에서 두 개의 기둥과 같습니다. 그 기둥이 튼튼하고 균형이 잡혀야 견고하고 안정된 집이 만들어지겠지요. 부부가 동등한 위치에서 서로 존중하고 좋아한다면 아이들은 그 안에서 안정감을 느끼며, 자식이라는 자신의 위치를 이탈하지 않고, 자신의 발달 과업에 집중하면서 성장할 겁니다.

　그런데 부부 중 한 사람이 직장 일에만 몰두하거나 자식과 밀착되어서 배우자를 외면하거나 인정하지 않는다고 생각해보세요. 그러면 자리를 잃어버린 배우자는 소외된 상태를 극복하기 위해 다양한 시도를 하게 됩니다. 그들은 상대를 원망하고, 나머지 가족들과 연합해 편을 가르거나 가족 밖에서 행복을 찾으려고 아예 떠나버릴지도 모릅니다.

　남편이나 아내가 자신의 자리를 찾지 못해 배회하는 또 다른 경우는 부부 중 한 편이 상대 배우자의 역할까지 독점하면서 발생합니다. 둥이 님 가족은 남편이 지나치게 아이들에게 열중하면서 엄마의 역할을 빼앗아버린 데서 문제가 생긴 것 같습니다.

가장 문제가 되는 것은 남편이, 가족 관계에서 가장 중요한 아내와의 관계를 소홀히 여기고 있다는 사실입니다. 사랑의 균형감을 잃은 것이지요. 이런 관계가 오래 지속되면 어떻게 될까요? 아이들은 아빠를 더 좋아하고 아빠의 권위만 인정하겠지요. 아이들이 성장해서 아빠로부터 독립이라도 한다면 아빠의 상실감은 또 얼마나 클까요. 엄마는 방관자처럼 이들 관계의 드라마를 그저 지켜볼 수밖에 없을 겁니다. 가족들 사이에서 나는 뭔가, 나는 단지 밥해주는 사람인가 하는 회한에 젖어서 말이지요. 자신이 사랑받지 못하는 존재라는 생각을 하는 엄마는 자존감이 높을 리 없겠지요.

심리학자인 프리엘 부부는 부모가 저지르기 쉬운 일곱 가지의 잘못을 제시하고 그중에서 일곱 번째 잘못으로, '부부 관계보다 자녀와의 관계를 우선하기'를 꼽습니다. 많은 부부가 가족을 애 보는 집단으로 착각하면서 아이들의 양육에 상당히 몰두해 있다는 것이지요. 프리엘 부부는 저서 《좋은 부모? 나쁜 부모!》에서 성공적으로 아이를 키운 부부를 연구한 미국의 연구보고서를 소개하는데요. 그 연구보고서는 "배우자의 요구를 자녀의 요구보다 우선하라"고 충고하면서 "자녀중심적인 가족에서는 건강한 부모도, 건강한 자녀도 나오지 않는다"고 경고합니다.

둥이 님, 지켜보지만 말고 아내로서, 그리고 엄마로서 문제 해결에 적극적으로 나서세요. 일단 질투를 숨기기 위해 점잔 떠는 일일랑은 하지 않았으면 해요. 부정적으로 보일지라도 당신이 느끼는 질투는 부부 사이를 연결해주는 순기능을 할 것입니다. 질투가 없다면 부부가 친밀해질 가능성도 없겠지요. 그러니 질투를 느끼는 것에 대해 부끄러워하지 마세요.

질투의 뿌리에는 '내가 사랑받을 자격이 있을까' 하는 회의와 자신감 없음이 자리 잡고 있다고 하지요. 그래서 질투를 느끼는 사람들은 사랑을 당당하게 요구하지 못합니다. 그러나 당신은 아내로서, 그리고 엄마로서 사랑받아야 하며 또 그 자격이 충분하다는 사실을 잊지 마세요.

남편에게 반복해서 말씀하세요. "나, 질투 나" "당신이 애들에게 집중하는 모습이 지나친 것 같아" "아이들에게도 이건 결코 도움이 되지 않아"라고요. 그리고 무엇보다 이참에 데면데면했던 그간의 부부 관계를 변화시켜보세요. 남편에게 아내에 대한 관심과 배려와 애정을 요구하세요. 둥이 님 또한 남편과 대화하고 칭찬하고 배려하는 일에 적극적으로 참여하세요.

가끔은 (남편이 지나치더라도) 남편의 태도에 동참해 함께 아이들을 열성적으로 좋아해주세요. 판단하는 마음 없이 남편의 감정에 공감하는 것이 부부 관계를 회복시키는 데 도움이 될 것입니다. 남편이 아이들을 좋아하는 건 아이들 심성이 남편에게 있기 때문이지요. 그럴 땐 둥이 님도 똑같이 아이들 심정이 돼서 좀 더 천진하고 솔직하게 남편에게 접근할 필요가 있답니다.

아내가 남편에게 사랑과 배려를 요구하는 일은 쑥스럽고 어색한 일이지요. 하지만 그건 아내의 권리이며, 가족 관계를 원만하게 유지하는 길이고, 또 무엇보다 아이들이 부모에게서 배워야 할 덕목이기도 하다는 사실 잊지 마세요.

" 10

자꾸만
남편 눈치가 보여요

> 두 살, 세 살 연년생 아이를 키우는 전업맘입니다. 요즘 들어 유달리 육아가 힘에 부치네요. 남들은 아이 키우기가 힘들어서 그러겠거니 하지만 제 경우는 아이들보다 남편이 더 스트레스예요.
> 회사에서 일하고 들어오는 남편이 오늘 하루는 잘 보냈는지, 싫은 소리를 들은 건 아닌지 마음이 두 근 반 세 근 반입니다. 남편에게 짐이 되지 않으려고 임신 중에도 입덧하는 모습을 보이지 않으려고 노력했고, 아이가 태어나서 밤에 울면 남편이 못 잘까 봐 떨어져서 지냈어요. 아이가 아파도 남편한테는 큰 내색하지 않았고요.
> 하지만 이제는 한계에 부딪힌 것 같습니다. 남들은 육아 스트레스 때문에 남편한테 투정도 부리고 큰소리도 낸다는데 전 그저 부럽기만 하네요. 남편이 저에게 뭐라고 하는 것도 아니고 눈치를 주는 것도 아닌데 왜 저는 이게 잘 안 될까요?
>
> — 바이올렛 "

남편을 보는 색안경을
벗어보세요

> 그동안 정말 힘들었겠네요. 바이올렛 님이 왜 남편 앞에서 쩔쩔매게 됐는지 저 역시 궁금합니다. 어떤 계기가 있었을까요? 혹시 남편이 평소 화를 잘 내는 분인가요? 아니면 남편과의 관계가 처음부터 그랬나요? 처음부터 남편을 대하는 게 그렇게 조심스러웠다면 결혼은 어떻게 결심하게 된 건가요?

남편과의 관계가 조심스럽다니 아버지와 바이올렛 님의 관계가 어땠는지도 묻고 싶어지네요. 지금 남편과의 관계와 아버지와의 관계가 비슷하다고 느끼지는 않나요? 잘 알려져 있듯이 여성은 어린 시절 아버지에 대해 느꼈던 감정을 남편에게서 다시 느끼게 되는 경우가 많아요. 물론 남성도 어린 시절 경험했던 어머니와의 관계를 성장해서 아내나 주위 여성들과의 사이에서 반복합니다. 그걸 심리학에서는 '전이'라고 합니다. 과거에 경험한 관계를 현재의 관계에서 다시 경험하는 거지요.

아버지에 대해 느끼는 감정이 부정적인 것이든 또는 긍정적인 것이든 성장 과정에서 그 감정을 극복하지 못했다면 성인이 되어서도 주위에 있는 연상의 성인 남자, 예를 들어 직장 상사나 시아버지, 그리고 남편에게 비슷한 감정을 느끼거나 비슷한 생각과 태도를 보이며 혼란스러워하게 됩니다.

부모의 부부 관계를 똑같이 반복하는 딸들도 있습니다. 어머니가 아버지를 대했던 그 태도를 딸도 남편에게 그대로 반복하는 것이지요. 대부분은 어머니가 아버지에 대해 가졌던 남성상, 태도 등을 딸이 자신의 남편에게 그대로 적용합니다. 모녀간 경계선이 미약해서 어머니와 쉽게 동일시하는 딸들이 주로 이런 유형에 속합니다.

그런가 하면 융심리학은 전이의 경험을 조금 다르게 설명합니다. 우리 내면에 선천적으로 타고난 원형적인 이미지가 있어서 그걸 상대에게 투사하고, 그 관계의 패턴에 번번이 말려든다고 본 것입니다. 상대를 있는 그대로 인식하지 못하고, 상대에게 과도한 기대와 애착 또는 원망과 두려움을 느끼며 사는 것이지요. 예를 들면, 전지전능하고 친절한 왕자님의 이미지를 갖고 있는 여성은 남편에게 그걸 기대했다가 실망하고 분노하지요. 또 어떤 여성은 냉혹하고 엄격한 부성상 혹은 냉철하고 지성적인 남성상을 가지고 있어서 남자 어른을 보면 두려워하거나 움츠러들고, 늘 자기비판을 하며 괴로워하는 사람이 되기도 합니다. 반대로 강한 연민을 느끼게 하는 남성상을 가지고 있다면 현실의 남성을 안쓰럽고 불안하게 바라보겠지요.

사실은 그 원형적인 이미지가 어렸을 때부터 우리에게 작용하기 때문에 우리가 아주 잘 알고 있다고 여기는 아버지, 어머니조차 있는 그대로의 모습으로 이해하지 못할 때가 많다고 하지요. 부모 역시 나의 색안경, 나의 상상의 틀 속에서 가공된 모습이라는 것입니다. 똑같은 부모에게서 난 자식들인데도 어머니와 아버지에 대한 생각이 많이 다른 경우가 있지요. 인간의 마음속에는 이처럼 어린 시절부터 제각기 다른 어머니와 아버지상이 있습니다.

바이올렛 님은 남편에게 어떤 남성상을 투사한 걸까요? 화내고 엄격한 아버지상일까요? 아니면 무능하고 나약한 남성상일까요? 당신이 남편에게 말 걸기 어려운 이유는 그가 화내고 엄격한 아버지 같아서인가요? 아니면 무능하고 나약한 남성일지 모른다는 두려움과 불안 때문일까요? 어떤 내용을 투사했든 무척 힘들었을 겁니다.

그러니 이제 과거의 이미지에서 벗어나야 합니다. 그렇지 않다면 상대는 나의 색안경과 틀에서 벗어나지 못해 답답해할 거고, 나 또한 잘못된 현실 인식으로 고통을 겪게 되니까요. 실제로 남편도 당신에게 거리감을 느끼고 있을지 모릅니다. 당신이 느끼는 거리감만큼 남편도 당신이 어려울 수 있습니다. 남편이 아내의 자연스러운 모습을 보지 못한다는 건 참 안타까운 일이에요.

이제부터 남편에 대한 왜곡된 상을 깨는 훈련을 해보세요. 만약 당신의 아버지와 남편을 혼동했다면 마음속으로 계속 이렇게 되뇌이세요. '남편은 아버지가 아니야. 남편은 내 반려자이고 동반자야' 또는 '그는 나와의 대화를 기다려. 그는 나와 즐겁게 대화하고 싶어 해'라고요. 그리고 남편에게 가장 부담 없이 건넬 수 있는 간단한 말의 목록을 적어보세요. "오늘 늦었네" "점심에는 뭘 먹었어?" "아이가 오늘 아빠 언제 오냐고 물어봤어" 등등으로요. 그걸 하나씩 실천해본 뒤에는 좀 더 진전된 말 걸기를 시도해보는 겁니다. "지금 어때?" "오늘은 어떤 일이 있었어?" "피곤해 보이네" 같은 것들로요. 대화가 진전되면 "오늘은 힘든 하루였어. 나 좀 도와줄 수 있어?" 등의 말도 건네는 거지요.

부담 없는 대화부터 하나씩 해나가세요. 물론 하루아침에 감정이 바뀌지는 않을 겁니다. 하지만 조금씩 노력하다 보면 남편이 어떤 행동을 보일 거고, 그 행동이 당신의 상상과 다르다는 걸 확인하고 실감할 날이 오겠지요. 그때 비로소 있는 그대로의 남편을 발견하기 시작할 것입니다.

"
11

시어머니가 저를
만만하게 보는 것 같아요

시어머니는 워킹맘인 큰형님네 아기를 봐주고 계세요. 그런데 저희 한테 너무 의지하는 것 같아요. 어머님 모시고 여행 가는 것은 늘 저희 집 몫이에요. 형님네 아이를 봐주는데, 왜 여행 가는 것은 저희가 챙겨야 하는지 모르겠어요. 일 안 하고 집에서 살림만 한다고 저를 만만하게 보는 것 같아요. 형님은 어려워하는 것 같고요.

— 동글맘 "

당신이 시어머니를
싫어하는 것일 수도 있습니다

> 아마도 시어머니는 작은 며느리를 더 편하게 느끼나 봅니다. 큰 아들네 손주를 돌봐주고 있지만 일하는 큰며느리는 왠지 모르게 어렵고 불편한 게 아닐까요? 그래서 여행은 마음 편한 작은 아들네와 같이 가고 싶어 하는 거고요.

'만만하게 본다'는 건 '친근하게 여긴다'는 말의 부정적인 표현일 거예요. 어떤 면에서는 주관적으로 해석할 수도 있는 개념이고요. 예를 들어, 내가 상대를 좋아한다면 상대가 나를 편하게 대하는 것에 대해 '친근하게 여긴다'고 말할 것이고, 상대에게 불편한 감정을 느낀다면 그가 나를 '만만하게 본다' 또는 '우습게 본다'고 생각하겠지요. 제가 보기엔 시어머니가 동글맘 님을 만만하게 본다기보다 오히려 동글맘 님이 시어머니를 불편하게 생각하는 것 같아요.

동글맘 님, 누군가가 불편하게 느껴질 때는 자기 마음속의 이유를 정확히 아는 게 중요합니다. '왜 시어머니는 나를 만만하게 생각할까?'라고 생각하기보다는 '내 불편함은 구체적으로 어떤 걸까?'나 '나는 왜 시어머니가 나를 만만하게 여긴다고 생각하는 것일까?'에 초점을 맞춰

보는 거예요. 이렇게 내가 느끼는 불만의 원인을 알아야 이 문제를 어떻게 풀고 싶은지, 진정으로 내가 원하는 게 뭔지도 알 수 있게 된답니다.

우리는 상대의 생각을 정확히 알 도리가 없어요. 대부분은 내 생각이 무엇인지도 잘 파악이 안 되니 타인의 생각을 읽는 건 더 어려운 일이지요. 어떤 사람들은 자신의 눈치와 직관을 과신하곤 하는데, 그럴수록 자기 속마음을 상대에게 투사하는 경우가 참 많아요. 이를테면 '저 사람은 나를 불편해해' '나를 미워하는 것 같아' '내게 비아냥거려' 등으로 쉽게 단정하고 자신의 '촉'이 맞다고 믿어 의심치 않아요. 그렇게 되면 상대에게 슬슬 화가 나기 시작해서 왜 저 사람이 나를 미워하는지 생각하는 데 골몰하게 되지요. 하지만 상대에 대해 그런 생각이 들기 시작했다면 이미 내 마음 깊은 곳에서 내가 상대를 불편해하거나 미워한다는 사실을 알아야 합니다.

확인되지 않는 판단을 지속하는 것만큼 상대와 나를 피폐하게 하는 건 없습니다. 일단 저 사람이 나를 무시하는 게 틀림없다고 생각하면 머릿속에선 그것을 증명할 증거를 계속 찾게 될 테니 그런 생각을 하면서 즐거울 리 없지요. 실제로 우리의 두뇌는 우리가 무슨 생각을 하든 그 생각이 맞다는 것을 증명해내기 위해 작동한다고 하지요. 부정적인 생각을 하면 그 생각을 뒷받침할 부정적인 증거들만 보입니다. 상대에게 무시 당한다는 생각은 상대를 미워하게 만들 뿐 아니라 내 자존감을 무너뜨릴 수도 있습니다.

물론 시어머니에게 잘못이 없는 건 아닙니다. 동글맘 님의 시어머니는 당장 편하다는 이유로 작은 며느리를 배려하지 않으셨네요. 시어른들을 모시고 가는 여행은 정말 불편합니다. 나이와 부모 자식 사이의 위계가 분명한 우리나라에서는 그럴 수밖에 없습니다. 자식이 부모님의 여행 비용을 감당하는 경우엔 그것도 문제가 되고요.

동글맘 님의 생각은 어떤지 궁금하네요. 시어머님과 함께 여행갈 때 불편한 점은 없었나요? 자유를 마음껏 누리지 못해 답답하지는 않았나요? 여행 경비가 추가돼서 부담을 느끼셨나요? 혹시 시어머니가 두 며느리를 대우하는 데서 여행 말고 어떤 불공평한 태도를 보이셨나요? 경우에 따라서는 일하는 며느리를 떠받드는 시어머니도 있는데 동글맘 님의 시어머니가 혹 그런 분은 아닌가요?

"일 안 하고 집에서 살림만 한다고 저를 만만하게 보고"라고 표현하셨는데 그건 시어머니의 생각일까요? 아니면 동글맘 님의 생각인가요? 만약 동글맘 님의 생각이라면 자신이 전업주부라는 사실에 자부심을 느끼지 못하는 건 아닌지, 형님과 같은 취업 여성에게 열등감을 느끼는 건 아닌지 묻고 싶네요. 그럴 수 있습니다. 요즘은 전업맘도, 취업맘도 서로를 부러워하니까요. 그렇게 되면 불편한 감정의 대상이 시어머니가 아니라 큰형님이 되지요. 이런저런 물음을 스스로에게 물으면서 내 마음을 곰곰이 따져보면 시어머니와 같이 여행 가는 게 싫다든지 이기적인 형님이 밉다는 것이 당신이 느끼는 불편한 마음의 더 근본적인 문제일 수 있습니다.

동글맘 님, 불편한 상황에서 내 마음을 똑바로 보는 일은 쉽지 않습니다. 왜곡된 판단을 하는 나, 이기적인 나와 만나는 일이 될 수도 있으니까요. 원인을 안다 해도 현실을 변화시킬 힘이 없다는 사실을 절감하게 될 수도 있습니다. 초라한 나를 발견하는 순간이지요. 그래서 사람들은 문제의 원인은 찾지 않고 사소한 문제에 매달려 자신의 생각이 옳다는 걸 증명하는 데 시간을 보냅니다.

자신이 이기적으로 느껴질지라도 괜찮습니다. 당신이 느끼는 불편감을 인정해주세요. 더 나아가 상대가 나쁘지 않아도, 잘못하지 않았어도 그로 인해 내가 불편할 수 있다는 사실을 인정해야 합니다. 저마다 생김새가 다른 것처럼 불편한 것, 하기 싫은 것도 다르기 때문입니다. 불편한 것에 대해 이유나 변명을 대지 않아도 됩니다. "그게 나야"라고 말하세요. 그래야 괜한 심리적 갈등이나 지나친 감정적 소모 없이 문제를 해결할 수 있을 테니까요. 초라한 나와 직면해도 괜찮습니다.

그래도 자신이 싫어하는 게 무엇인지 정확히 아는 일은 중요합니다. 적어도 앞으로는 당신이 싫어하는 일을 할 때 좀 더 깐깐해질 수 있을 테니까요.

"
12

아이에게 밥을 떠먹여주는 시어머니, 그대로 두어도 괜찮을까요?

일곱 살 남자아이를 키우고 있어요. 좋은 시어머니와 같이 살고 있는 직장맘이에요. 주말에는 아이가 엄마는 안 떠먹여준다는 걸 알기에 스스로 먹는데, 제가 없는 주중 아침이나 저녁은 어머님이 항상 먹여주는 듯해요. 그래서인지 아침에 밥 때문에 실랑이를 벌일 때가 종종 있어요. 시어머니께도 밥 먹여주지 말라고 말씀드렸지만 별 소용이 없을 것 같아요. 어떻게 해야 할까요?

— 콩콩맘 "

엄마와 아빠의 개입이 필요합니다

> 아이를 키울 때 조부모 세대와 부모 세대의 갈등이 적지 않습니다. 특히 우리나라는 조부모가 아이를 돌보는 경우가 많아서 더 그런 것 같아요. 자연히 아이의 일상 습관을 만드는 규칙에서부터 먹거리에 이르기까지 조부모와 부모의 의견 차이가 발생합니다. 경우에 따라서는 의견 차이가 조부모와 부모의 힘겨루기 양상으로 전개되는데, 그 힘겨루기의 주인공이 대부분 할머니와 딸 또는 며느리입니다.

아이가 초등학교 고학년에 올라가기까지는 할머니와 엄마의 양육 방식의 차이 때문에 이런 신경전이 계속되지요. 젊은 엄마들은 이 싸움에서 전전긍긍하면서 많은 심적인 에너지를 소모하기도 합니다. 내체로 할머니들은 아이에게 너그러워서 아이의 독립성을 키워주는 일 따위에는 전혀 신경을 쓰지 않습니다. 아이 먹거리 문제도 그렇지요. 시중에 나오는 과자나 음료, 아이스크림을 엄마 몰래 사줘서 엄마의 속을 타게 만듭니다.

일곱 살 아이에게 밥을 떠먹여준다니 그것도 엄마 입장에서는 신경 쓰이겠네요. 하지만 너무 걱정하면서 스트레스를 받지 않았으면 좋겠어요. 스트레스를 느끼다 보면 공연히 감정 싸움으로 비화될 수도 있기 때문입니다. 만약 시어머니의 양육 방식에서 밥을 떠먹여주는 것만 문제라면 당분간 관망하는 것도 좋을 겁니다. 그리 큰 문제는 아니니까요. 아이들이 발달 과정에서 한두 가지 정도 퇴행적 문제를 겪는다 하더라도 결국 발달의 방향으로 나아가기 마련입니다. 대신 아이가 스스로 밥을 먹을 때는 "혼자서도 잘 먹는 걸 보니 많이 컸구나. 이젠 혼자서 뭐든 잘하겠는데" 하고 격려해주세요. 하지만 시어머니의 양육 방식에서 여러 가지 문제가 발견된다면 얘기는 달라집니다. 그땐 엄마와 아빠가 적절히 개입해야 합니다.

아이를 돌봐주시는 부모님께 양육 방법에 대해 이래라저래라 말씀드리기 참 곤란할 겁니다. 아이를 맡겨놓고 참견까지 하면 부모님의 마음이 상할 수도 있으니까요. 특히 우리나라처럼 연장자에 대한 공경을 중요시하는 나라에선 더 그렇죠. 연장자에 대한 공경이 강조되면 자칫 부모와 성인이 된 자식이 어른 대 어른으로 관계 맺는 것도 어려워질 수 있습니다. 그러면 자식이 부모에게 자신의 의견을 피력하는 일도 쉽지 않지요.

저는 조부모님에게 아이를 맡기는 것을 권하지 않는 편입니다. 할머니, 할아버지에게 아이를 맡기면 엄마와 아빠는 부모로서의 권위를 갖기도, 아이 양육의 결정권을 온전히 행사하기도 어려워지기 때문입니다. 《엄마라는 직업》을 쓴 헴마 카노바스 사우는 이에 대해 매우 정확하게 표현하고 있습니다. 즉, 조부모 세대의 육아 서비스에는 '할증

요금'이 요구된다는 거예요. 조부모 세대에게 신세를 지는 만큼 문제가 생기는 것이지요. 가령 육아를 가운데 두고 조부모 세대와 부모 세대 간에 불평불만이 쌓일 수 있는데, 이걸 솔직하게 터놓고 해결하기란 매우 어려운 일입니다.

뿐인가요. 자신보다 경험 많은 조부모에게 아이를 맡기기 때문에 부모는 여전히 의존적인 심정이 되고, 아이에 대한 책임감도 강해지지 않습니다. 초보 부모는 아이를 낳고 기르는 과정에서 성숙한 어른으로 완성되는데, 조부모에게 의존하면 부모로서의 성장도 어렵겠지요.

피치 못할 사정으로 조부모님에게 아이를 맡겨야 한다면 이런 문제를 보완할 수 있는 대책을 모색해야 합니다. 아이를 반일만이라도 어린이집에 보낸다든지, 조부모에게 탁아 비용을 드리는 식으로 말입니다. 이렇게 해야 부모는 아이에 대한 권리를 좀 더 많이 위임받을 수 있습니다.

또 시어머니와 아이 양육 방식에 대해 좀 더 적극적으로 의사소통을 할 필요가 있습니다. 공공맘 님은 아이의 성장과 발달에 대한 얘기를 낮 동안의 주 양육자인 시어머니와 얼마나 나누고 있나요? 혹 어머니가 그런 걸 함께 논의하고 고민할 분이 아니라고 생각하나요? 하지만 부모 세대를 아이의 탁아모로 결정했다면 그분들과 자주 이야기 나누는 기회를 마련해야 합니다. 특히 아이를 맡기게 될 초보맘이라면 대리 양육자인 부모님과 대화하기를 양육의 여러 계획 안에 포함시켜야 합니다.

물론 쉽지 않을 겁니다. 우리 사회는 유난히 효를 강조하지만, 부모 자식 사이에 진지하고 깊이 있는 대화를 나누지는 않기 때문입니다. 그냥 함께 생활하는 데 필요한 아주 기본적인 대화만 나눌 뿐이지요. 시어머니나 친정어머니의 하소연과 넋두리를 들어주다가 지쳐서 대화를 단절하기도 합니다. 그러니 부모 세대와 아이 양육에 대해, 직장 문제나 인간관계에 대해 깊이 있는 대화, 자신을 성찰할 수 있는 대화를 나눈다는 게 거의 불가능하지요.

그럼에도 초보 부모들은 아이를 양육하는 부모님과 양육에 관한 대화를 나누는 자리를 마련해야 합니다. 초보 부모가 어떤 양육 철학을 가지고 있는지 알려드려야 하고, 조부모님의 양육관은 어떤지 들어봐야 합니다. 선배 양육자인 조부모님에게 배우기도 해야겠지만 일방적으로 초보 부모를 가르치려 하거나 초보 부모의 요구를 외면한다면 그에 대한 적절한 대응도 할 수 있어야 하고요. 너무 이상적이어서 지키기 어렵다고 외면하지 않았으면 좋겠습니다. 양육의 질은 우리 사회의 미래를 결정짓는 매우 중요한 문제이기 때문입니다.

콩콩맘 님도 시어머니와 이런저런 얘기를 나눠보세요. 직장에서 있었던 일부터 아이의 발달단계와 관련한 정보, 퇴행이나 의존성의 문제, 육아의 고민 같은 것들을 말이지요. 그러면서 밥을 떠먹여주는 것에 대해서도 얘기를 나눠보는 겁니다. 그게 왜 문제가 되는지 콩콩맘 님이 잘 설명도 해드리고요.

의외로 어머니가 이런 대화를 좋아할 수도 있습니다. 어머니도 아이를 키우면서 답답하고 외로웠을 수 있기 때문입니다. 하루 종일 아이를 돌보고 난 뒤라면 누구나 오늘 하루 있었던 일에 대해 얘기하고 싶어 할 것입니다. 그리고 며느리가 자신을 단순히 아이 돌보는 기능적인 존재로 여기지 않는다는 점을 기뻐할 수도 있고요. 그렇게 된다면 시어머니와 며느리가 한층 돈독한 관계를 만들어나갈 수 있을 거예요.

내 선택에 기꺼이 책임지고
지지하세요

멋진 직장을 다녔는지 아닌지는 나이 들수록 의미가 없어집니다.
그보다는 자신만의 영역이 있는지, 얼마나 성숙한 사람인지,
그래서 가까운 사람들로부터 얼마나 존경받고 사랑받는지,
자신의 삶을 얼마나 즐겁게 꾸려나가는지 그런 것들,
다시 말해 얼마나 행복한 삶을 살고 있는지가 중요해지지요.

Chapter 5

"
1

작은 취미생활에 돈 쓰는 것도
눈치가 보여요

아이를 어린이집에 보내면서 결혼 전부터 취미였던 수영을 다시 배우기로 했어요. 원래 수영을 좀 하는 편이라 고급반도 성에 안 차 개인 강습을 받고 싶더라고요. 단체 수업은 한 달 수강료가 5만 원인데, 개인 강습은 20만 원이 넘어요. 비용이 부담스러워 남편에게 이야기하지 않고 개인 강습을 서너 달 받기로 했죠. 그런데 얼마 전 남편이 제가 개인 강습 받는 걸 알아버렸는데 크게 실망하는 눈치예요. 자기도 영어 학원에 다니고 싶었지만 12만 원이라는 수강료가 부담스러워 접었다면서요.

꽤 큰돈인데 남편 몰래 썼다는 생각에 너무 미안했어요. 차라리 남편이 화를 내면 "그 정도 돈도 내 맘대로 못 쓰냐"고 화를 내겠는데, "괜찮다. 신경 쓰지 마라"고 하니 더 미안해지네요. 남편에게 어떻게 해야 제 미안한 마음이 없어질까요?

— 은하맘 "

자신을 위한 투자,
권리가 아니라 의무입니다

> 12만 원의 수강료도 아끼는 남편 앞에서 두 배에 달하는 액수의 수영 강습을 받고 있는 자신이 민망하고 미안했나 봐요. 전업주부가 수입이 없는 존재라는 논리에는 동의하지 않지만 그래도 그 마음이 충분히 이해됩니다. 남편의 마음을 배려하는 모습도 보기 좋고요.

그렇지만 제가 만약 은하맘 님의 남편이라면 아내의 죄책감을 자극하기보다는 이렇게 말하겠어요. "우리 와이프, 수영 잘하나 보네. 멋진데!" "개인 강습을 받으니 어떤 점이 좋아? 얼마나 더 좋아졌어?" "흠, 역시 전문가 수준이군." 물론 이런 대화는 환상 속의 남편이라야 가능한 것이고, 현실은 우리가 우리 자신에게 해줘야 하는 말이겠지요.

육아하는 엄마들의 노고를 생각해보면 자신이 정말 좋아하는 취미 생활을 위해 몇 달간 20만 원씩 지출하는 게 큰 문제가 되지는 않습니다. 잘 아시다시피 전업주부의 가사 노동을 경제적 가치로 환산해야 한다는 주장은 오래전부터 있어 왔지요.

2004년 우리나라 통계청에서 추산한 전업주부의 가사 노동 가치는 월 117만 원입니다. 1일 평균 5시간 49분의 가사 노동 시간으로 쳤을 경우입니다. 하지만 전업맘들이 하루 5시간 49분 동안만 가사 노동을 한다는 건 받아들이기 어려운 일입니다. 뿐만 아니라 노동의 질로 봤을 때, 특히 아이에게 사랑을 쏟으며 감정 노동을 하고 있다는 점에서 한 달 117만 원도 불만족스러운 액수입니다. 미국의 한 컨설팅 업체는 2010년에 미국 전업주부 연봉을 1억 3,000만 원으로 계산했다고 하는데요. 그렇다면 20만 원의 지출이 남편에게 그렇게까지 미안해할 일인지 은하맘 님에게 묻고 싶어집니다.

은하맘 님이 그만한 액수를 투자한 데는 그에 걸맞은 기쁨이 있었기 때문일 겁니다. 직장생활을 하는 남편은 아이의 양육에 온통 집중해 시간을 보내는 아내의 스트레스를 잘 모릅니다. 가정 밖에서 스트레스를 푸는 일이 전업 육아맘에게는 돈을 버는 일이 아니고, 돈을 쓰는 일일 수밖에 없다는 것도 남편은 인식하지 못하는 것 같습니다. 엄마를 행복하게 하기 위한 일정량의 투자가 결국은 아이와 남편에게 돌아간다는 사실은 더욱 모르겠지요. 그러니 은하맘 님이 쓴 돈을 남편의 씀씀이와 똑같은 잣대로 비교하지 않았으면 좋겠습니다.

물론 은하맘 님 가정의 경제적 수입이 어느 정도인지에 따라 20만 원에 대한 평가도 달라질 겁니다. 그걸 감안하더라도 여성들은 평생 자신을 위해 쓰는 돈에 야박한 것 같아요. 중년 이후에도 단 몇만 원의 돈이 아깝고 눈치 보여서 꼭 필요한 상담이나 자기계발 목적의 프로그램에 참여하는 것을 어려워하는 여성들을 많이 봅니다. 여성이 행복한 건 가족 전체에 영향을 미치는 일이고, 또 무엇보다 인간이 자신을 행복하게 만드는 일은 권리이자 의무인데 말이지요.

저는 은하맘 님이 느끼는 미안함의 속내가 참 궁금해요. 남편의 표정을 살피며 안절부절못하다가 급기야 상담 코너의 문을 두드리게 만든 그 미안함에는 왠지 뜻밖의 메시지가 숨어 있을 것 같네요. 실제로 우리의 감정은 아주 교묘해서 자주 의외의 가면을 쓰고 나타납니다. 예를 들어, 분노라는 감정 뒤편에 알고 보면 두려움이 숨어 있을 수 있고, 선망과 존경이라는 외피 속에는 질투가, 애착과 헌신 뒤에는 증오가 웅크리고 있을 수도 있습니다. 이처럼 자신조차 알아차리지 못하게 가면을 쓰고 나타나는 감정이라면 그건 우리가 정말 외면하고 싶은 감정일 거예요. 하지만 그런 감정을 끌어내 직시하고 이야기를 듣지 않는다면 불편한 느낌은 사라지지 않는답니다.

은하맘 님이 느끼는 미안함 뒤에 어떤 억울함이나 서운함, 그러니까 자신이 왜 그런 지출을 해야 했는지 이해받지 못한 답답함이 숨어 있는 것은 아닐까 추측해봅니다. 잘못된 짓을 몰래 하다 들킨 꼴이 되었지만 뭔가 좋아하고 잘하는 일을 좀 더 발진시키고 싶은 마음은 격려 받고 지지 받아야 하는 거니까요. 마찬가지로 남편에게 그런 소중한 일이 생긴다면 은하맘 님도 남편을 이해해줘야겠지요.

은하맘 님, 자신의 그런 심정을 가장 잘 이해해야 하는 사람은 남편이 아니라 당신 자신이라는 것을 잊지 않았으면 합니다. 제가 보기에는 남편에게 미안할 게 아니라 자신이 수영을 통해 성장할 기회를 포기한 것에 대해 마음 아파해야 할 것 같은데요.

저는 전업주부들이 은하맘 님처럼 열정을 쏟고, 지속적으로 실력을 키워나갈 수 있는 개인적인 영역이 필요하다고 생각합니다. 자격증 과정이든 취미 영역에 속한 것이든 말이지요. 육아와 자신만의 영역이 병행될 때 여성은 더 행복해질 거고, 여유로움을 느끼며, 육아 노동에 대해 느끼는 피해의식에서 벗어날 수 있기 때문입니다. 만약 주부들에게 은하맘 님처럼 오랫동안 실력을 갈고 닦은 자신의 영역이 있다면 그걸 단순한 '취미'라고 지칭해선 안 된다고 생각해요. 은하맘 님, 시간이 흘러 경제적으로 좀 더 여유가 생기면 수영에 재도전해 보라고 권하고 싶네요.

아직도 남편에게 미안한 마음이 남아 있다면 맛있는 저녁식사로 그 마음을 표현해보면 어떨까요? 그 식탁에서 은하맘 님이 그동안 수영으로 얼마나 즐거웠는지 이야기하는 것도 잊지 마시고요.

"
2

모유 수유 후,
빈약해진 가슴에 자신감도 떨어집니다

첫째는 13개월까지 혼합 수유했고, 둘째는 젖병을 하도 안 빨고 분유도 거부해서 16개월까지 모유 수유만 했습니다. 평소에는 별로 신경 안 쓰고 살았는데 지난주에 오랜만에 목욕탕에 갔더니 세상에, 가슴이 하나도 없는 거 있죠. 다른 사람들 보기 창피해서 구석 자리에서 가슴을 가리면서 재빨리 씻고 나왔습니다. 이게 한번 신경 쓰이니 남편 보기도 부끄럽고 창피하고, 옷을 입어도 맵시도 안 나고⋯.

요즘 제 눈에는 여자들 가슴만 보입니다. 가슴 확대 수술받는 엄마들이 충분히 이해가 되고요. 그냥 이렇게 살아야 하는지 답답하고, 미련하게 모유 수유를 왜 그리 오래했는지 후회뿐입니다.

– 러브민 "

엄마에서 여자로 돌아온 당신을
축하해주세요

> 아이 둘을 엄마 젖으로 키우고 나면 탱탱하고 예쁘던 가슴이 마치 할머니 가슴처럼, 그리고 빈 주머니처럼 홀쭉해지지요. 수유를 막 끝낸 젊은 엄마들에겐 당황스럽기 그지없는 일이에요. 가슴을 가리고 쩔쩔매는 러브민 님 모습을 상상해보니 한편으론 사랑스럽고 또 한편으로는 등을 쓰다듬으며 장하다고 칭찬하고 싶네요. 그동안 엄마로서 충실하기 위해 모유 수유라는 과업 하나를 잘 완수한 거잖아요.

모유 수유를 한다는 건 쉬운 일이 아닙니다. 농축된 영양분을 고스란히 아이에게 주니 엄마는 종종 빈혈이나 영양실조 등의 증상을 겪게 됩니다. 새벽에 아이에게 젖을 물리고 일어나 기지개를 켜다 정신을 잃고 아이 위에 쓰러져 큰일 날뻔했던 제 초보 엄마 시절이 생각납니다. 젖이 너무 많아서 빈혈이 심했던 게 원인이었지요. 뿐인가요. 모유 수유를 하면 잠시라도 아이와 떨어져 외출하는 일은 거의 불가능하고요. 자꾸 불어오는 가슴, 줄줄 흐르는 젖을 간수하는 일은 또 얼마나 번거로운지요.

'모유 수유가 엄마에게 이렇게 힘들다는 걸 왜 아무도 얘기해주지 않았지?' 하면서 투덜대던 그 시절이 생각나네요. 솔직히 약간 속은 기분이었습니다. 세상은 온통 모유 수유가 아이에게 유익하다는 점에 대해서만 강조하지 그것이 여성에게 얼마나 불편을 일으키는지는 알려주지 않으니까요. 아마 모유 수유의 장점과 단점을 모두 알았다면 제대로 마음 준비를 했을 텐데 말이지요. 어쨌든 아이에게 젖을 먹이는 동안 여성의 가슴은 성적인 상징이기보다 아이의 밥 주머니이고 생명 주머니일 뿐이지요.

우리 사회에서 여성의 몸, 그중에서도 자궁과 가슴은 여러 가지 시선으로 읽힙니다. 결혼 전에는 에로스의 상징으로 인식되다가 결혼해서 아이를 낳으면 모성적 상징으로 대변되지요. 뿐인가요. 모성의 역할이 끝나고 나면 여성의 몸은 아줌마라는 이름으로 비하되기도 합니다.

여성의 몸을 바라보는 눈이 '성스럽고도 섹시한 몸'이나 '성스러워서 섹시한 몸' 이렇게 하나로 통합되면 좋을 텐데, 우리 문화에서는 분열돼 있다는 게 문제입니다. 모성 역할을 하는 여성의 몸은 성스럽지만 섹시하다고 느껴서는 안 돼요. 또 성적인 측면에서 바라본 여성의 몸은 야하긴 하지만 성스럽다고 여겨지지는 않지요. 이런 여러 시선, 복잡한 정체성 때문에 가장 혼란을 겪는 건 여성입니다. 정체성이 달라질 때마다 거부감과 박탈감에 시달리고, 게다가 사람들의 시선까지 감내하느라 너무 힘들거든요.

이런 혼란한 시선 가운데서도 긍정적으로 생각해보면, 러브민 님이 새삼 빈 가슴을 부끄럽게 느끼게 됐다는 건 이제 다시 여자로, 한 개인으로 돌아왔다는 걸 의미합니다. 개인적으론 혼란스럽겠지만 축하할 일이에요. 엄마로 사는 것도 축하할 일이지만 엄마가 아닌 본연의 자신으로 돌아오는 일도 여성의 생애사에서 중요한 과업이거든요.

아이가 기고 서고 걷고 뛰면서 조금씩 엄마의 손을 벗어나는 그만큼 엄마도 조금씩 엄마가 아닌 여성으로서, 인간으로서 살아가는 것을 준비해야 하지요. 그 과정 중에 엄마이면서 동시에 여성으로, 인간으로 살아가야 하는 일이 혼란스럽겠지만 그래도 앞으로는 한쪽에 몰두하느라 다른 한쪽을 완전히 포기하거나 외면하지 말고, 두 가지 삶을 끈기 있게 조화시켜 살아내세요. 그게 아이에게도 교육적으로 참 중요하답니다. 아이에게 부모는 가장 큰 성인 모델이니까요.

엄마는 여자가 아니라든지, 여자는 엄마가 아니라고 생각하는 이분법적인 사고는 그리 성숙한 의식 수준은 아닙니다. 한 사람을 바라볼 때, 그리고 어떤 사물을 바라볼 때조차 그것이 갖고 있는 다양한 측면을 통합적으로 사고할 수 있어야 합니다. 그래야 막연한 수치심, 증오, 편견, 적대감에서 벗어나 편안해질 수 있답니다.

저는 개인적으로 아이들의 돌잔치나 생일잔치만 해줄 게 아니라 엄마의 출산 기념일, 모유 수유 완료일 등도 기념하고 축하해야 한다고 생각합니다. 그동안 아이에게 젖을 물리느라 수고하셨잖아요. 모유 수유를 하면서 아이와 느꼈던 황홀한 애착 감정도 추억해볼 만하구요. 그 과정을 돌이키면서 지난 삶을 정리하고 앞으로의 삶을 준비할 수 있게 말이지요.

러브민 님, 예전만큼 예뻐지진 않겠지만 가슴은 조금씩 커질 거예요. 속상함을 조금만 견뎌보세요. 가슴이 예전과 달라졌어도 여자로 되돌아오는 데 크게 방해가 되지는 않는다는 걸 느끼게 될 겁니다. 인간이 가진 긍정적인 품성이 그렇게 느끼도록 도와줄 거예요. 그리고 모유 수유를 했다는 자부심과 앞으로 자기 몫의 삶을 살 수 있게 됐다는 기쁨으로 속상한 마음을 위로하길 바랄게요.

"
3

미혼 친구와의 관계, 왜 자꾸 어긋나기만 할까요?

결혼 10년차, 서른여섯 윤서맘이에요. 돌잔치 때문에 고등학교 친구와 다툼이 있었어요. 싱글인 친구는 지금 딱 한 명이 있어요. 바로 문제가 된 그 친구죠. 제가 보기에는 잘 나가는 워킹우먼인데, 본인은 일에 대한 스트레스가 많나 봐요. 그리고 저랑은 아무래도 공감대가 잘 형성되지 않다 보니 요즘은 연락을 자주 안 해요.

작년에 셋째 낳았다고 전화를 했더니 자기는 결혼 포기했다고, 맘에 드는 남자가 없다며 제가 부럽다고 말하더라고요. 저는 오히려 사회에서 자기 이름으로 살아가는 그 친구가 당당하고 멋있어 보이는데 말이죠.

그러다 얼마 전에 셋째 돌잔치가 있어서 전화를 했어요. 갑자기 비아냥거리는 말투로 양심도 없다고, 자기가 봉이냐고, 어떻게 셋째 돌잔치까지 전화를 하냐고, 지금껏 저한테 쓴 축의금만 100만 원이라고 말하네요. 좀 어이가 없더군요. 제가 돈 필요 없다, 아기 보고 밥 먹고, 오랜만에 얼굴이나 보자고 했더니, 미안하지만 자기는 갈 생각이 없다더군요. 그리고 보니 결혼 축의금이며 큰아이, 둘째 돌잔치까지 그 친구가 일방적으로 챙겨주었네요.

그 친구 입장에서는 그럴 수 있을 거 같은데, 너무 서운했어요. 돈도 잘 버는 친구가 구체적으로 금액까지 말하면서 따지는데, 그동안 사회생활 하는 그 친구가 마냥 부럽기도 했고 옛날처럼 친하게는 못 지내지만 나름 저에게는 자랑스러운 친구였는데 전화 통화 후 너무 화가 나더라고요. 워낙 연락도 안 하고 지내는 터라 그 친구와의 관계는 끝났다 싶었어요.

그런데 계속 그 100만 원이라는 돈이 저를 계속 불편하게 하네요. 남편한테 말해 돌려주거나 값비싼 선물 하나 해주고 깨끗하게 관계를 정리하고 싶지만 셋째 아이를 낳은 마당에 살림도 예전보다 더 힘들어져 마음처럼 쉽지 않아요. 옆집 엄마한테 말하니까 노처녀 히스테리라고, 제가 손해본 거 없으니까 이쯤에서 그냥 연락 끊으라고 하더라고요. 연락 끊고 지내자니 마음이 불편하고 그렇다고 계속 친구로 지내기에는 이미 마음이 많이 상한 것 같아서 고민이에요. 지혜롭게 해결할 방법이 있을까요?

— 윤서맘 ”

친구 관계가 공평했는지
돌아보세요

> 윤서맘 님의 사연을 읽고 나니, 과거 직장 다니던 싱글족 후배들이 결혼한 친구들에 대해 불평하던 일이 기억납니다. 만나기만 하면 수다가 전부 결혼한 친구들의 이야기로 채워진다는 겁니다. 대부분 남편과 시집 식구에 대한 자랑이거나 험담으로 말이지요. 특히 험담일 경우는 온 힘을 다해 맞장구를 쳐주고 걱정도 함께 했는데 얼마 후 다시 연락해보면 언제 그랬냐는 듯이 깨가 쏟아지게 살고 있더라고 어처구니없어 했습니다. 가슴 아픈 얘기지만 결혼 안 한 친구들 사이에서 결혼한 친구들은 점점 기피 대상이 되어갑니다. 일단 그 둘 사이에는 공감할 수 없는 경험의 차이라는 것이 생기고, 무엇보다 결혼한 여성들이 점점 더 자기중심적으로 변하기 때문입니다.

결혼 초기의 여성들은 극적으로 변화하는 삶에 적응하기 위해 완전히 자기 자신에 몰두한 상태입니다. 부부 관계, 출산, 아이, 육아, 그리고 고부 관계 등 전혀 새로운 경험에 내맡겨져 잔뜩 긴장해 있기 때문이지요. 친구들을 만나도 결혼생활에 온통 생각을 빼앗겨 그 이야기만 하고 싶어 합니다. 그러다 보니 결혼한 여성들에게 싱글 친구들은 이야기를 들어주고 위로해주는 정도의 배경으로 물러나게 됩니다.

혹시 윤서맘 님도 그 친구와 그런 관계가 아니었는지 묻고 싶군요. 그 친구는 예전과 다름없는 생활을 하고, 직장에서 잘 나가니 별일 없을 거야. 나보다 안정된 상태일 거고, 별 고민도 없고, 여유도 있을 거야. 이렇게 지레짐작하지는 않았나요.

그러나 결혼하지 않은 여성에게도 수많은 일이 일어나고, 극적인 감정의 변화를 경험하기도 할 것이며, 크고 작은 어려움과 씨름하고 있을 수도 있습니다. 한 사회에서 성인으로 살아가는 일은 기혼 여성이나 비혼 여성에게 모두 힘겨우니까요. 그런 친구의 생활이 어떤지 궁금해하고 이야기를 들어주신 적이 있나요?

그 친구가 지나치게 공격적이었던 것은 맞습니다. 그렇게 금액까지 들먹이며 냉소적으로 나올 필요는 없는데 말이지요. 어쩌면 윤서맘 님이 연락했을 즈음 그 친구는 어떤 어려운 상황에 직면했을지도 모릅니다. 그럴 때 윤서맘 님처럼 결혼한 친구는 결혼 안 한 친구에게 적지 않은 결핍감과 외로움을 안겨주는 존재이고, 질투심을 자극하는 상대가 될 수도 있죠.

모든 인간관계에는 어느 정도의 경쟁심과 비교 의식 등이 존재합니다. 그 친구도 윤서맘 님에게 부러움과 시기심을 느꼈을 것이고, 의식하지는 못했더라도 윤서맘 님 또한 그 친구에게 비슷한 감정을 느꼈을 것입니다. 네가 나보다 낫다는 생각, 그래서 부럽다는 생각 등등이 그 친구에게 뭔가 늘 받아도 괜찮다, 그녀를 배려해주지 않아도 괜찮다,

라는 생각으로 연결됐을 테니까요.

친구는 그런 윤서맘 님의 태도가 서운했던 게 아닐까요? 처음부터 윤서맘 님이 왜 그렇게 돈을 많이 보냈어, 돈 많이 쓰지 마라, 난 네 얼굴을 보는 것만으로 좋아, 자꾸 돈 쓰면 못 오게 할 거야, 이런 식으로 친구에게 말했다면 그 친구도 그토록 냉정하게 얘기하지 않았겠지요. 인간은 상대에게 좋은 사람이 되고 싶어 하지만 이용 당한다는 느낌이 들 때는 불쾌해집니다.

세상의 모든 관계가 그렇지만 특히 친구 관계는 어떤 식으로든 거래가 공평해야 합니다. 물론 금전을 금전으로 보답하는 걸 의미하지는 않습니다. 축의금이 왔다면 감사 인사를 하는 것에서부터 어떻게 살고 있는지 안부를 물어봐주는 것, 작지만 필요한 물건을 선물하는 것 등도 좋은 보답, 아름다운 사랑의 표현이 됩니다.

불편한 감정을 전혀 느끼지 않는 헌신적이기만 한 관계란 없습니다. 형제자매뿐 아니라 부부 관계에서도 경쟁심이나 질투심 같은 부정적인 감정이 작용하며, 잘 관리하지 않으면 금세 관계가 멀어집니다. 그렇게 인간은 모두 계산하고 경쟁하며, 소통의 단절을 느끼고, 외롭답니다.

친구에게 받은 돈 100만 원이 자꾸 마음에 걸리시나 본데, 그 돈을 돌려주는 건 말리고 싶습니다. 오해는 더욱 깊어지고, 불쾌한 기억은 더욱 강해질 것이기 때문입니다. 저는 그냥 문자나 메일로, 네가 돈 이야기를 하니 마음이 아프다, 내가 친구에게 너무 소홀했던 건 아닐까 싶다, 이런 메시지를 보내보면 어떨까 합니다. 피차 미숙해서 만들어진 일이라면 불쾌한 감정과 그로 인해 느끼게 되는 외로움을 수긋하게 받아들여보세요. 그러고 나면 한층 성숙해질 것입니다.

이번 기회에 이제까지 자신의 삶에서 배경으로 밀어두었던 그 친구를 자신과 동등한 주인공으로 끌어내 마음속에서 그녀와 많은 이야기를 나누어보세요. 친구와의 관계를 구체적으로 어떻게 풀어나갈지 하는 문제는 그다음에 윤서맘 님이 스스로 결정해도 좋을 것 같습니다.

"
4

계획하지 않은 둘째 임신,
직장에서 눈치가 보여요

다섯 살 아이를 둔 직장맘이에요. 아이를 낳고 육아에만 전념했어요. 아이가 두 돌이 넘자마자 어린이집에 보내고 지금의 회사에 계약직으로 재취업을 했답니다. 그 후 능력을 인정받아 다음 달부터 정직원으로 근무하기로 이야기되었어요.

그런데 제가 덜컥 임신을 했어요. 팀장님에게 말하니 매우 당황해하면서 아무한테도 말하지 말고, 공채 면접 때까지는 임신한 티도 내지 말라네요. 그러면서 출산휴가는 어느 정도 생각하냐고 묻더군요.

축복받아야 할 새 생명인데, 마음의 준비 없이 임신을 해버려 하루하루가 우울합니다. 신경 써준 팀장님께도 죄송하고, 남편의 한숨이 괜히 제 어깨를 짓누르네요. 아이는 동생 생기는 게 싫다고 하고 … 이런 상황에서 태교나 할 수 있을지 걱정이에요.

이렇게 아무 대책 없이 임신한 제가 한심합니다. 임신한 것이 한없이 불만스럽다가도 아이가 잘못되면 어쩌지 생각하면 겁부터 나고요. 제가 마음의 평화를 찾을 수 있을까요? 회사에는 또 어떻게 얘기해야 하죠?

– 토토맘 "

행복은 습관이고,
인생은 살아가는 방법입니다

> 정직원 임용을 앞두고 계획에 없던 둘째 아이를 임신하게 돼서 막막하고 불안한가요? 특히 자신을 정직원으로 채용해주겠다고 한 팀장님에게 굉장히 미안해하고 있네요. 그 미안한 마음이 지나쳐 우울증이 깊어지는 건 아닌지 걱정됩니다.

지금 토토맘 님에게 필요한 두 가지 습관이 있습니다. 첫 번째는 부정적 사고를 전환해서 긍정적으로 생각하기, 그리고 두 번째는 조금 뻔뻔해지기입니다. 그러기 위해선 일단 둘째 아이를 임신한 뒤 갖게 된 죄책감에서 벗어날 필요가 있어요. 지금 토토맘 님은 지나치게 자책하고 있으며, 그 때문에 위축되어 있는 것 같습니다. 하지만 계획에 없는 임신이 토토맘 님의 잘못일까요? 많은 경우 임신은 인생의 모든 일이 그러하듯 의도치 않게 다가와서 우리 삶을 변화시키는 역할을 합니다.

긍정심리학자 셀리그먼은 얘기합니다. "행복은 습관이고 삶을 사는 방법에 관한 문제"라고요. 자신의 긍정적인 부분에 초점을 맞추는 낙관적인 태도로, 불행감이 아닌 행복감을 선택해서 그것을 습관화하라는 것이지요. 제가 보기에 토토맘 님은 주어진 상황을 지나치게 부정적으로 판단하고 있습니다. 둘째까지 낳아 기르며 직장생활을 하는 일은 육체적으로도 힘들고 지치는 일이겠지만 아이 둘이 그렇게 힘에 부치는 숫자는 아닙니다.

어떻게 보면 토토맘 님은 무척 행복한 분입니다. 무엇보다 아이를 낳을 수 있는 분이고(세상엔 아이를 갖고 싶어도 갖지 못하는 이들이 얼마나 많은지요!), 첫째에겐 의지할 동생이 생기는 일이고. 동생과는 너댓 살 터울이 될 테니 맏이 노릇도 의젓하게 해낼 겁니다. 아이를 키워보면 알게 됩니다. 직장맘에게 둘째는 처음엔 힘들어도 나중엔 굉장한 지원군이라는 사실을요. 외동아이를 둔 직장맘들은 자신의 아이가 외로울까 평생 걱정하고 짐스러워하는 경우가 많기 때문입니다.

게다가 당신은 직장에서 인정받아 곧 정직원이 될 수도 있지요. 난처한 점이 없지 않지만 어쩌면 경사가 겹친 일인지도 모릅니다. 무한한 가능성이 지금 토토맘 님을 기다리고 있는 거예요. 그러니 미래를 두려워 말고 설레는 마음으로 기다려보세요.

자, 이제 뻔뻔해지기입니다. 심호흡을 하면서 몸에서 긴장을 내보내세요. 그리고 가슴을 당당하게 펴고 이렇게 생각하세요. 왜 내가 팀장님에게 이토록 미안해해야 하지? 팀장님을 속인 것도 아니고, 내가 일을 잘했기 때문에 인정받은 건데. 출산하려면 8개월이나 남았고, 두어 달 휴가를 받고 나온 후에 오랜 기간 직장에 기여하면 되잖아. 내가 쉰 두세 달과는 비교도 안 될 오랜 시간을 말이지. 회사는 처음엔 조금 난감해 하겠지만 곧 이런 상황을 받아들일 거고 모든 일은 수습될 거야.

여성이 임신했다고 해서 취업과 승진에 불이익을 준다면 그건 직장의 잘못입니다. 참 후진적인 직장이라고 봐야겠지요. 어느 직장도 그렇게 대놓고 임신한 여성을 차별할 수 없답니다. 남편도 마찬가지입니다. 남편은 왜 한숨 소리로 아내에게 스트레스를 주는 걸까요? 함께 아이를 만들었으면서 말이지요. 지금 남편이 할 일은 계획에 없던 임신으로 우울해진 아내를 위로하고 지지하는 일입니다.

이렇게 생각을 고쳐먹으면서 위축된 아이에서 당당한 어른으로 돌아오세요. 무작정 불안에 떨면서 아무것도 하지 않는다면 그건 어린아이 같은 태도입니다. 당당한 어른은 지금 벌어진 문제를 있는 그대로 받아들이고 그것을 해결하기 위해 대책을 세우는 사람입니다. 임신 사실을 언제 어떤 방식으로 알리는 것이 가장 원만한 일인지, 공채 면접에 어떻게 대처해야 하는지 직장상사와 진지하게 논의하세요. 무엇보다 중요한 건 임신과 출산에도 불구하고 성실하게 일하겠다는 비전을 보여 직장과 상사를 안심시키는 일입니다.

남편과는 대화를 통해 둘째 아이를 맞을 준비를 하고, 탁아를 어떻게 할지 대책도 논의하세요. 또 첫째에게는 동생을 맞는 일이 얼마나 기쁜 일인지 알려주세요. 요즘은 동생을 기다리는 주제를 담은 동화책이 꽤 많이 있어서 읽어주면 도움이 될 거예요.

아직 오지 않을 미래의 일을 부정적인 생각으로 걱정하며 보내지 마세요. 가능하면 하루하루를 긍정적이고 행복한 느낌으로 채우세요. 나날이 커가는 두 아이를 보면서, 직장에서 자리를 잡아갈 당신을 생각하면서 말이지요. 불행이 닥쳐와 피할 수 없을 땐 기꺼이 받아들이더라도 아직 불행이 결정되지 않은 날들은 행복한 감정으로 채우세요. 부정적인 생각이 들 때마다 '다른 좋은 측면도 있잖아' 하면서 자신의 생각을 바꿔보세요. 결국 우리가 인생에서 원하는 것은 최대한 많은 날을 행복하게 사는 것일 테니까요.

"
5

직장맘이라 학부모 사이에서
왕따가 된 것 같아요

네 살 딸을 둔 워킹맘입니다. 베이비시터에게 아이를 맡기다가 올 9월 처음 유치원에 보내기 시작했어요. 몇 주 전 토요일에 유치원 학예회가 있어 들뜬 마음으로 참석했는데 같은 반 엄마들끼리 어쩌면 그렇게 친한지 웃으면서 서로 이 얘기, 저 얘기 하더라고요. 저만 혼자 덩그러니 떨어져 있는데 왠지 모르게 서러웠어요. 엄마들끼리 친하면 아이들도 자연히 친해지잖아요. 돌이켜보니 아이에게 단짝친구 하나 없는 게 다 제 탓 같아요. 제가 먼저 다가서서 싹싹하게 굴면 될 텐데 성격상 그게 잘 안 되거든요. 아이도 친구들 사이에서 잘 끼지 못하고 겉도는 것 같아 불안해서 일도 손에 잡히질 않네요.

– 딸기맘 "

현실을 인정하고
당신만의 강점을 키우세요

> 직장에 다니는 엄마들이 딸기맘 님과 비슷한 고민을 많이 합니다. 자칭 '학부모계의 왕따'라고 넋두리하면서요. 아이들이 취학 연령이 되면 워킹맘은 여러 가지 난감한 경험을 하게 됩니다. 유치원이나 학교에 대한 정보 부족으로 쩔쩔매는 일도 많고, 또 아이가 학교에 입학하면 수업 참관일이나 각종 학교 행사에 참가하지 못해 아이에게 미안한 마음도 깊어집니다.

전업맘들은 아이를 유치원에 데려다주고 데려오면서, 또는 근처 문화센터에서 운영하는 아이들 프로그램에서, 그리고 초등학교 때는 학교에서 주관하는 학부모 총회 등에 참가해 학부모 임원 활동을 하면서 서로 친해질 기회가 많습니다. 그 과정에서 엄마들끼리 친구가 되고, 아이의 학교 일에 상부상조하기도 하지요.

워킹맘은 그런 엄마들 모임에 들어가기가 쉽지 않아요. 시간 여유도 없거니와 전업맘들의 언어에 익숙하지도 않으니 엄마들에게 말 걸기, 엄마들끼리의 수다 문화에 자연스럽게 끼어들기가 쉽지 않은 거예요. 게다가 말수가 적거나 사교적이지 못한 성격을 가진 워킹맘이라면 더더욱 고립되기 쉽지요.

저 역시 직장생활을 오래한 엄마로서 딸기맘 님의 마음을 아주 잘 이해합니다. 지금은 아이들이 다 커서 제 도움을 크게 필요로 하지 않지만 저 역시 학부모로서는 빵점짜리였답니다. 딸기맘 님 말씀대로 학부모들은 이미 유치원에서부터 친해져 있기 때문에 초등학교 입학할 때도 끼어들기가 쉽지 않습니다. 솔직히 말하자면 저는 낯가림이 심해서 이미 서로 잘 아는 엄마들 사이에 들어가는 게 정말 힘들었습니다.

그런데 그 시절을 지내고 보니, 마음의 벽을 만들었던 건 그 엄마들이 아니라 나 자신이었다는 생각이 드네요. 자존심을 조금 내려놓고, 변죽 좋게 말 거는 일이 어려우니까 공연히 저 엄마들은 이미 친하니까 내가 들어갈 자리가 없어, 나를 별로 좋아하지 않을 거야 하고 변명거리를 만들어냈던 것입니다. 엄마들 입장에서는 학부모 친구를 만드는 데 배타적인 관계를 형성할 이유가 없는데 말이지요.

실제로 학부모 모임에 들어갈 방법이 전혀 없는 게 아닙니다. 일단 학부모 총회에 꼭 참가하셔서 학부모 임원으로 활동해보세요. 다른 엄마들에게는 직장맘이라서 낮에 모이는 게 쉽지 않을 거라고 양해를 구하고요. 딸기맘 님은 자신이 싹싹한 성격이 아니라며 걱정하지만, 싹싹한 태도를 가졌다고 엄마들이 모두 호감을 갖는 것은 아닙니다. 좀 어눌하거나 어색해하는 태도가 상대에게는 더 편하게 느껴질 수도 있으니까요. 그러니 자신감을 가지고 도전해보세요.

다만 앞서도 말했듯이 취업맘이 학부모 활동을 하기 위해서는 전업맘에 비해 굉장한 시간과 노력이 필요하고, 그러다 보면 어느 순간 지레 지쳐버릴 수 있습니다. 자신이 없다면 처음부터 어느 정도 마음을 접는 것도 괜찮습니다.

마음이 앞서면 몸은 오히려 더 굳어져 아무것도 할 수 없게 됩니다. 스스로를 다그칠수록 다른 엄마들 앞에서 입도 뻥긋할 수 없는 자신을 발견할 뿐입니다. 나 때문에 아이가 힘들어지면 어쩌지 하면서 조바심 내다 보면 아무것도 달라진 것 없이 피로감만 느끼지요. 딸기맘 님처럼 일도 손에 안 잡히게 되고요.

제가 늘 주장하는 말이 있습니다. "어차피 잘하지 못할 거면 쫄지도 말자"입니다. 그냥 '나는 그건 잘 못해' 하고 마음을 내려놓으세요. 그러면 의외로 다른 길이 보입니다. 난 이런 데는 재주가 없는 엄마라고 스스로를 인정할 수 있어야 자신의 단점을 딛고 장점을 발휘할 수 있습니다.

장기적인 안목에서 보자면, 아이가 성공적인 학교생활을 하는 데 또래 엄마 모임이 매우 중요한 요소가 되는 것 같지는 않습니다. 직장맘들이 학교에 대한 정보를 얻을 길이 없다고 생각해서 불안해하는 것이 문제이지요. 그러다 보니 늘 아이보다 엄마가 허둥거리고, 마음을 졸이게 됩니다. 지나고 보니 그것 역시 아이들에게 해가 된 것만은 아니었습니다. 엄마가 충분히 지원해주지 못해서 힘들었겠지만 그만큼 다른 아이들보다 성숙한 측면, 독립적인 측면도 생기더라고요.

세상의 모든 엄마는 각자 자신만의 강점과 무기가 있습니다. 외향적이고 사교적이라서 학교생활의 든든한 지지자가 되어주는 엄마가 있는가 하면, 내향적이고 생각이 깊어서 아이의 고민을 잘 이해해주는 엄마도 있습니다. 아이가 친구를 많이 사귈 수 있도록 집을 공개하는 엄마가 있는가 하면 아이와 수다 떨기를 좋아하고, 아이의 고민을 잘 들어주는 엄마도 있습니다.

딸기맘 님은 스스로 어떤 점을 장점이라고 생각하나요? 아이에게 엄마로서 잘 해줄 수 있는 게 무엇이라고 생각하나요? 학부모로서 학교 일에 적극적으로 참여할 수 없다면 어떤 점에서 아이에게 도움이 되어줄 수 있나요?

자신의 장점을 믿고 그걸 교육에 적극 활용하세요. 단점을 가지고 전전긍긍해봤자 아무 소용이 없답니다.

"
6

회사에서 저도 모르게
자꾸 눈치를 봐요

돌 된 아기를 키우는 워킹맘이에요. 부서 팀장은 나이 마흔에 아직 '미스'고요. 예전에는 잘 못 느꼈는데 출산휴가 복귀한 후부터는 유난히 팀장 눈치가 보이네요. 출산휴가 들어가기 전에도 "3개월 진짜 다 쉴 거냐"고 묻는데 어찌나 야속하던지….

지금도 업무 중에 모유 짤 때나 7시 전에 퇴근할 때는 눈치가 보여요. 괜히 '엄마 티'를 내면 결혼도 안 한 팀장한테 상처가 될 것 같아서요. 제 입장에서는 상사에게도 아이가 있었다면 좀 더 배려해줬을 텐데 싶은 생각이 들 때도 있고요. 앞으로 팀장과 잘 지낼 수 있을까요?

– 라일락 "

여성들 간의 갈등,
여성의 탓이 아닙니다

> 육아와 직장 일, 거기다 아이 모유까지 챙기다니 라일락 님은 정말 최선을 다해 열심히 사는 분이네요. 그 노고에 박수를 보낼게요. 육아 때문에 직장에서 눈치가 많이 보인다고요? 하지만 가슴을 펴세요. 당신이 지금 정성 들여 키우는 아이는 한 가족의 가족원이면서 동시에 우리 사회의 매우 소중한 구성원이랍니다. 그 아이들을 잘 길러내는 게 사회공동체의 미래를 위해 반드시 필요한 일이고, 그러기 위해서는 엄마가 행복해야겠지요. 그러니 절대 육아 때문에 기죽지 마세요!

우리 사회는 엄마의 역할을 매우 축소해서 보는 경향이 있습니다. 아이를 기르는 것이 오직 한 가족의 일, 한 가족의 이익이라고 보는 것 같습니다. '자기들이 좋아서 낳아 놓고 왜 우리에게 부담을 줘' 하는 식이지요. 뿐인가요? 과거에는 회사에서 아이 때문에 양해를 구하려고 하면 '애는 자기 혼자만 낳았나' 하면서 유난떨지 말라는 식의 타박을 주곤 했답니다. 지금은 그런 말을 직접적으로 하지는 않지만 사회 분위기는 별로 달라진 게 없어 보입니다.

라일락 님도 팀장 때문에 섭섭한 일이 있었군요. 출산한 지 일 년이

지난 것 같은데 아직도 팀장이 눈치를 주나요? 아니면 라일락 님의 마음에 그때 그 일이 아직도 서운한 감정으로 남아 있는 건가요? 만약 그렇다면 라일락 님의 서운한 감정을 먼저 위로해야 합니다.

다른 한편으로는 당신을 서운하게 한 팀장의 입장에서 생각해보는 일도 권하고 싶네요. 저도 두 명의 아이를 모두 직장생활을 할 때 낳아 길렀지만 솔직히 직장맘들과 함께 근무하는 미혼 여성들의 고충이 적지 않답니다. 직장맘들이 출산휴가를 보내는 동안, 아이 일 때문에 틈틈이 자리를 비워야 하는 동안, 그리고 일찍 퇴근한 이후에 그들이 미처 하지 못한 일을 처리하고 감당하는 일이 쉽지만은 않더라고요. 특히 팀장이라면 업무가 차질 없이 이뤄져야 하기 때문에 더 신경 쓰였을 수 있습니다.

물론 이런 직장 분위기는 직장맘들의 탓이 아니고, 미혼 여성들이 이기적이어서도 아닙니다. 여성의 육아휴직 기간을 대체할 인력을 뽑지 않고, 남은 팀원들에게 부담을 전가하는 우리의 직장 문화와 육아휴직제도가 문제지요. 다시 말해 직장 내에서 직장맘과 미혼 여성들 간에 발생하는 미묘한 갈등은 서로에게 문제가 있어서가 아닙니다. 프로의식이 없어서, 또는 비정해서, 속이 좁아서 생기는 갈등이 아니라는 것입니다. 그건 사회 문제입니다. 이 사실을 정확히 이해하면 공연히 여성끼리 갈등하면서 심리적인 에너지를 소모하는 일이 없어질 것입니다.

게다가 라일락 님, 타인이 자신을 이해해주지 못하는 건 지극히 당연한 일입니다. 우리는 언제나 거기에서 출발해야 합니다. 전혀 다른 경험을 한 사람이 나를 이해해주기는 어렵습니다. 솔직히 말해서 나도 내 마음을 잘 모르겠는데, 그 또는 그녀가 내 마음을 잘 알아줄 리 없습니다.

그런데 우리는 반대로 생각할 때가 많습니다. 내가 생각하는 대로, 내 형편대로 세상이 반응할 거라고 기대하고, 그게 뜻대로 되지 않으면 원망스럽고 속상합니다. 특히 굉장히 강렬한 경험, 큰 경험을 했다고 생각할 때는 더더욱 그렇습니다. 나에게 엄청난 경험이었기 때문에 굳이 설명하지 않아도 남들 역시 잘 알아줄 거라고 짐작하지요.

이렇게 세상이 내 뜻과 내 사정에 저절로 맞춰질 거라고 기대하는 마음은 유아기적인 사고와 비슷합니다. 일곱 살 이전의 아이는 자기중심적인 사고, 그러니까 자기가 생각하는 걸 당연히 다른 사람도 생각한다고 믿지요. 혹자는 그런 사고방식을 마술적 사고라고 표현하기도 하는데, 그 마술적 사고는 많은 경우 성인이 된 뒤에도 계속됩니다.

'내가 이렇게 힘든데 어떻게 당신은 모를 수 있어?' 또는 '다 알면서 왜 모른 척해?' 하면서 화가 난다면 마술적 사고를 하고 있는 건 아닌지 돌아볼 필요가 있습니다. 생각해보세요. 자신이 어떤 처지인지, 얼마나 힘들었는지 상대에게 설명한 적이 있는지 말이에요.

특별한 이유 없이 팀장의 시선이 자꾸 불편하게 느껴진다면 혹시 라일락 님이 팀장에게 서운했던 마음이 아직 풀리지 않은 건 아닌지 성찰해볼 필요도 있습니다. 우리는 종종 내가 상대에게 느끼는 불쾌한 감정은 의식하지 못한 채 상대가 나에게 불편한 시선을 던진다고 오해합니다. 그것은 일종의 '투사'입니다.

그런 의미에서 엄마 티를 내도 됩니다. 아니, 티를 내는 게 아니고 자연스럽게 엄마라는 사실을 인정하고 생활하면 됩니다. 배려가 필요하다면, 힘들겠지만 요구해야 합니다. 그래야 주위 사람들이 직장맘의 현실이 저런 거구나 이해하고 배우지요.

하지만 결혼 안 한 것을 결격 사유로 보거나 그들이 쉽게 상처 입을 만큼 취약하다는 시선은 고쳐야 합니다. "괜히 '엄마 티'를 내면 결혼도 안 한 팀장한테 상처가 될 것" 같다고 말씀하셨지요? 그런 생각은 무척 조심해야 합니다. 결혼 안 한 여자, 아기 엄마, 이런 식의 구분과 비하가 마음의 상처를 만드니까요. 우리가 각자 선택한 삶의 방식에는 예외 없이 장단점이 있으며, 각자 사는 모습 그대로 세상에 기여하고 있다는 사실을 명심하세요. 결혼해서 아이를 가진 여성이 아이가 없는 여성보다 더 나을 것도, 더 부끄러울 것도 없다고 생각하면 인간관계는 무척 쉬워집니다. 내가 가진 장점으로 그녀를 돕고, 또 내가 가진 한계를 그녀가 메워주는 식으로요.

라일락 님, 팀장과 잘 지내고 싶다고 하셨나요? 그렇다면 출산휴가 기간 동안 그리고 지금도 틈틈이 비어 있는 내 자리를 채워주는 것에 대해 팀장과 팀원들에게 감사의 마음을 전해보세요. 기왕 하는 거, 정중하게 마음을 담아 표현하면 효과 만점이겠지요!

"
7

아이가 초등학교에 입학합니다.
일을 그만둬야 할까요?

3월에 초등학교 입학하는 아이 때문에 고민하는 워킹맘입니다. 지금껏 친정 엄마가 봐주셔서 마음 놓고 일을 했어요. 앞으로도 쭉 친정 도움을 받을 생각이고요. 하지만 초등학교 입학은 어린이집이나 유치원 보내는 것과는 또 다르네요. 앞으로 있을 입학식부터 총회, 공개 수업, 소풍 등도 걱정입니다. 한 반에서 5~6명 빼고는 엄마들이 모두 학급 행사에 참여한다고 하더라고요. 그나마 일하느라고 같은 유치원 다니는 아이 엄마들하고 정보 교류도 별로 없었는데 초등학교 들어가면 어쩌나 싶은 생각에 벌써부터 아이에게 미안해집니다. 괜히 아이가 주눅 들지 않을까 싶고, 커리어 쌓는 게 아이와 함께 있는 것보다 과연 나은 걸까 싶기도 해요. 슬슬 일하는 것도 지치는데 이 기회에 직장을 정리하는 게 나을까요?

— 튼튼맘 "

눈에 보이지 않는 유리천장을
조심하세요

> 일하는 여성들은 대부분 직장에서 유리천장Glass Ceilling을 경험하게 된다고 하지요. 처음엔 남자 동료들과 별 차이 없이 경쟁할 수 있었는데, 어느 순간 더 이상은 올라갈 수 없는 보이지 않는 장벽과 맞닥뜨리게 됩니다. 물론 여성에 대한 사회의 암묵적인 차별 때문이죠. 남자들만의 인맥, 술자리 네트워크 같은 게 남녀가 실력으로 공정하게 겨루는 걸 방해하고, 또 육아의 책임을 거의 전적으로 떠맡고 있으니 여성은 승진에서 점점 힘이 달리는 것을 느끼게 됩니다.

특히 한국에는 더 강력한 유리천장이 있습니다. 영국의 시사주간지 〈이코노미스트〉가 2014년 발표한 유리천장지수를 보면, 27개국을 대상으로 한 이 조사에서 한국은 전년에 이어 꼴찌입니다. 그러니 한국에서 직장맘으로 산다는 게 얼마나 고달픈 일인지 모릅니다. 아이를 낳고 직장에 복귀해 처음엔 초인적으로 버티던 여성들이 시간이 흐를수록 피로감을 느끼게 됩니다. 마음은 항상 초조와 불안에 시달리고, 몸은 지칠 대로 지쳐 바라는 것이라고는 오직 푹 쉬어보는 것, 잠 좀 마음껏 자보는 것이 됩니다. 여성에게만 모래주머니를 채워 달리기 경주에 출전하게 하는 거나 마찬가지입니다.

아이가 초등학교에 입학한다니 튼튼맘 님의 고민이 이해되기도 합니다. 많은 직장맘이 이 시기에 퇴직을 고려하니까요. 아이도 새 환경에 적응하느라 내심 스트레스가 많을 것이고, 초등학교 2학년 정도까지는 학교가 부모에게 요구하는 것도 적지 않습니다. 학교의 중요한 행사에도 거의 참여할 수 없으니 아이를 지원해주기가 쉽지 않습니다. 그 시기에 아이가 엄마의 부재를 느낄 것을 생각하면 가슴 아프겠지요. 그건 엄마라면 누구나 느끼는 당연한 감정입니다.

겉으로 드러나지 않지만 언제나 마음을 무겁게 하는 것, 이 또한 유리천장의 요소입니다. 취업맘을 배려하지 않는 교육 시스템, 그리고 직장 문화로 인해 직장맘들은 아이에게 늘 죄 지은 기분이 됩니다. 그런 감정을 오래 느끼다 보면 누구라도 자신의 일에 대해 회의하게 될 겁니다. 이게 뭐라고 내 아이를 서운하게 하나 하는 생각이 들면서요. 《여성의 성공 왜 느릴까?》를 쓴 버지니아 밸리언은 이렇게 주장합니다. "분명히 아주 평등한 것처럼 보이는 환경에서조차 여성은 남성만큼 높이 또는 빨리 승진하지 못한다. 눈에 보이지 않는 무언가가 그들의 발전을 제한하고 있는 것이다."

튼튼맘 님은 친정 엄마 덕분에 마음 놓고 일할 수 있었네요. 하지만 아이에 대한 책임감 때문에 직장에서 자리가 잡혀가는 시점에 일을 그만둘까 고민하게 된 거고요. 취업맘이 자발적으로 직장을 그만두는 것처럼 보일 때도 이처럼 '눈에 보이지 않는 유리천장'이 존재합니다. 마치 여성 스스로 유리천장을 만드는 것처럼 보이지요. 과거, 저에게 조언을 요청했던 후배들도 그랬습니다. 회사에서 능력을 인정해 중요한 프로젝트를 맡기려고 할 때, 직장 일이 자리 잡혀 본격적으로 유능감을 발휘할 수 있게 될 때, 승진을 눈앞에 두고, 업무가 익숙해져서 편안해질 때 여성들은 왠지 불안해져서 망설입니다. 내가 이런 성공을 누려도 될까, 이렇게 행복해도 될까를 두려워하는 사람처럼 자신의 성공에 대해 회의합니다. '이런 게 다 무슨 소용이야, 내 인생이 없는데'라고 생각하거나 육아와 같은 다른 해야 할 일들을 떠올리면서 갑자기 퇴직을 고민하기 시작합니다.

튼튼맘 님, 퇴직하고 싶다는 생각 아래에 혹시 '성공에 대한 두려움' 또는 '성공에 대한 피로감'이 숨어 있는 건 아닌지 묻고 싶습니다. 놀랍게도 실제로 많은 여성이 겉으로는 성공과 안정, 경제적인 여유를 원하지만 내심에는 자신이 성공하고 파워를 갖는 것에 대해 막연한 두려움이 있답니다. '더 이상의 권한과 책임이 두려워서' '그럴 만한 자격이 없다고 느껴서' '파워를 가지면 상황이 나빠질까 봐' 심지어는 '남편이 좋아하지 않을 것 같아서' 같은 이유로 말이지요.

이것은 비단 직장에서만의 문제는 아닙니다. 여성들은 종종 자신에게 주어진 행운이나 기회를 부담스러워하거나 거부합니다. 아이, 제가 그걸 어떻게 해요? 해보고 싶지만 아직은 아니에요. 허영심이 생길까 봐 돈 많은 것도 저는 싫어요. 그렇게까지는 바라지 않아요. 저는 됐고, 아이들이나 행복했으면 좋겠어요, 하는 식의 말을 하면서 말이지요.

여성들이 이렇게 된 데에는 물론 어린 시절 여성에게 욕심을 갖지 않도록 요구하는 가정과 사회의 분위기가 있었을 겁니다. 욕심을 부리다 벌을 받는 여자 주인공이 등장하는 동화책은 또 얼마나 많은지요. 물론 성공에 대해 조심스럽게 생각하는 태도에는 나름의 미덕도 있습니다. 일방통행으로 직진하는 삶에 균형을 가져다주니까요. 열심히 일하고 나면 밤에는 휴식을 취하는 것처럼 우리 삶도 발전하고자 하는 측면과 회의하는 측면이 조화를 이뤄야 하겠지요. 하지만 직장의 퇴직과 같은 인생의 중요한 문제를 결정할 때는 좀 더 숙고해야 합니다. 지레짐작으로 걱정하느라 자신의 행복을 포기하게 될 수도 있기 때문이에요.

튼튼맘 님, 제가 보기엔 직장 일도 안정적으로 하면서 아이도 잘 키울 수 있습니다. 엄마가 직장에 다니면 아이들은 또 그에 맞춰서 자라줍니다. 아이들이 자라고 나면 그때, 직장을 그만두지 않기를 정말 잘했다는 생각을 하게 될 겁니다. 그러니 행복도 불행도 충분히 경험한 뒤 결정하겠노라는 심정으로 소금만 더 버텨보세요. 직장과 가정 모두를 욕심내세요. 엄마의 부재를 보완할 모든 노력을 강구하면서 말이지요. 그리하여 자라나는 여자아이들이 이 세상에 나갔을 때 더 이상 유리천장에 막혀 허둥대지 않도록, 일할 수 있는 여건이 마련되도록 부디 엄마들이 노력해주세요. 엄마들이 직장에서 더 많이 노력할수록 여자아이들의 미래는 더 밝아진답니다.

"
8

4년 만의 직장생활, 민폐는 아닐까요?

세 살 아이를 어린이집에 보내고 컴퓨터를 배우러 다니는 중입니다. 집 근처 회사의 경리나 사무직으로 취업하려고 이력서도 열심히 넣고 있고요. 불러주는 곳이 있으면 일을 할 생각인데 임신하고 거의 4년 동안 집에서만 있어서 그런지 사회생활을 다시 하려니 한편으로는 두려운 마음이 듭니다.

사실 결혼 전 잠깐 직장생활을 했을 때 그렇게 적응을 잘하지 못했었거든요. '일 잘한다'는 소리도 못 들어봤고요. 괜히 나가서 다른 사람들에게 민폐나 끼치지 않을까 벌써부터 걱정입니다.

— 눈꽃 "

엄마로 살아온 저력을
믿으세요

> 아이를 어느 정도 키워놓고 취업할 용기를 낸 눈꽃 님, 막상 취업을 하려니 여러 걱정이 드나 봅니다. 무엇보다 과거 직장생활을 성공적으로 하지 못했다고 생각하고 있네요. 그런데 어쩐지 저는 자신이 '민폐'가 될까 걱정하는 눈꽃 님의 자조 섞인 태도가 마음에 걸립니다. 취업도 하기 전에 스스로를 지나치게 저평가하는 것 같아서요.

아마 이전 직장에서 잘 적응하지 못했던 일이 마음의 상처로 남아 있는 게 아닐까 하는 생각이 듭니다. 그랬다면 지금이라도 과거 경험을 되돌아보고, 무엇이 잘못되었을까 구체적으로 생각해보는 게 필요합니다. 그때 어떤 일이 있었고, 문제의 발단은 무엇이었는지, 나는 어떤 태도로 그 일에 임했고, 다른 사람들은 어떤 반응을 보였는지 이모저모 생각해보세요. 그때의 불쾌한 감정을 다시 느낄 수도 있습니다만 곰곰 생각해보니 내 잘못만은 아니었다고 결론을 내릴 수도 있습니다.

한 개인이 직장에서 적응을 잘하지 못했거나 일 잘한다는 소리를 듣지 못한 이유가 꼭 개인에게만 있겠습니까? 직장에도 직원을 만족시키고 성장시킬 수 있는 여러 조건이 갖춰져 있어야 하는데 우리나라의 경우 조직의 문제를 개인에게 전가할 때가 많습니다. 그러니 너무 자책하지 마세요. 그렇게 막연히 자책하는 마음으로는 앞으로의 직장생활도 힘들 수 있습니다.

자책은 자신을 의심하는 자기 회의에서 나오는 생각입니다. 내가 민폐나 되지 않을까 하는 마음도 자기 회의일 것입니다. 배르벨 바르데츠키는《너는 나에게 상처를 줄 수 없다》에서 '자기 회의'야말로 마음의 상처를 입는 시작점이라고 강조합니다. 자신을 의심하고 회의한다면 누군가 자신을 쳐다보거나 손가락질만 해도 '역시 난 안 돼. 난 한심해' 하고 좌절하게 된다는 것입니다. 물론 자기 회의의 긍정적인 측면이 없는 것은 아니지만 자기 회의가 심각해질 때 우리는 스스로 상처 입고 당황하게 됩니다. 바르데츠키는 자기 회의의 부정적인 측면에 대해 이렇게 이야기합니다. "문제는 자기 회의가 지나간 상처를 끌어올려 충분히 할 수 있는 일까지도 무조건 할 수 없다는 부정적인 결론을 내릴 때다." 그래서 자신의 인생을 스스로 가시밭길로 만들지요.

눈꽃 님, 직장을 갖기에 앞서, 그리고 취업한 후에도 자신을 많이 지지하고 격려해주세요. 자기 아이를 대하듯이 말이지요. 눈꽃 님의 아이가 성인이 돼서 직장에 출근한다고 가정해보세요. 그때 아이가 "엄마, 내가 일을 잘할 수 있을지 걱정이에요. 누군가에게 민폐가 되지는 않을까?"라고 자신의 두려움을 털어놓는다면 어떤 대답을 해주게 될까요? 마음이 짠해진 눈꽃 님은 아이를 안아주며 이렇게 말할 겁니다. "긴장되는구나. 괜찮아. 넌 잘할 수 있을 거야." 그러면서 마음속으로는 자못 비장하게 이런 각오를 할지도 모릅니다. '만약 직장에서 환대받지 못한다 해도 괜찮아. 그래도 난 우리 아이를 이해하고 인정해줄 거야.' 때론 그런 부모를 자식 바보라고 놀리기도 하지만 그게 부모로서는 옳은 태도입니다. 아이는 그런 부모의 태도를 내면화해서 자신의 존재를 긍정적으로 받아들일 수 있게 될 테니까요.

자식에게 어떤 문제가 있다고 하더라도, 남들과 비교해 더 나은 것이 없어 보일지라도 대부분의 부모는 내 아이의 존재를 부정하지 않습니다. 시대를 잘못 만나서, 환경이 좋지 않아서 지금은 고전하지만 우리 아이는 나름의 장점과 사랑스러운 면이 있다고 굳게 믿어 의심치 않습니다. 자식을 사랑하듯이, 아이의 존재를 무조건적으로 긍정하고 수용하듯이 여러분 자신에 대해서도 그렇게 하세요.

우리가 자식보다 더 사랑해야 할 대상이 바로 자기 자신입니다. 이 험난하고 이기적인 세상에서 내가 내 편이 되지 않는다면 누가 내 편이 될 수 있을까요? 그런데 사람들은 자기를 사랑하지 않으면서 타인이 대신 자신을 사랑해주기를 갈구합니다. 자기 비난으로 외롭고 공허해진 사람들이 상대가 나를 배려하고 아껴주지 않는다고 원망합니다.

자신의 모습이 어떻든 있는 그대로 받아들이며, 자신의 잘못에 대해서도 수용적인 사람은 이기적이거나 자만한 사람이 아닙니다. 오히려 그는 자신의 잘못을 외면하지 않기 때문에 두려움 없이 자신의 행동을 되돌아볼 수 있습니다. 잘못이 있다면 그게 뭔지, 왜 그런 잘못이 생겼는지 성찰하고 고치면 되지, 자기 인격의 치명적인 무엇인 양 괴로워할 필요가 없습니다.

실제로 직장이 원하는 첫 번째 인재는 유능한 사람이겠지만 미숙하더라도 타인의 조언을 잘 받아들여 날마다 발전하는 사람 또한 귀중한 인재입니다. 눈부신 발전은 없더라도 늘 변함없이 안정되게 자신의 업무를 수행하는 사람도 꼭 필요한 직원이지요.

눈꽃 님, 누군가에게 민폐가 되지 않을까 걱정하는 대신 '괜찮아, 잘할 수 있을 거야'라고 자신을 격려해주세요. 엄마로 살아온 저력을 믿으세요. 또 괜찮지 않은들 어떤가요? 그래도 나는 괜찮습니다. 직장 일이 정 맞지 않는다면 지역에서, 학교에서 또 다른 방식으로 눈꽃 님을 필요로 할 것입니다. 무엇보다 중요한 것은 당신이 한 가정의 주인이고, 자기 자신의 주인이라는 사실입니다.

"
9

출산과 육아 후
재취업이 쉽지 않아 속상해요

저는 결혼 전에 잘 나가는 헤어디자이너였어요. 결혼하고 임신을 하면서 일을 그만뒀죠. 제법 큰 헤어숍에서 연봉도 꽤 높은 디자이너였기에, 아이를 낳고도 얼마든지 다시 일을 할 수 있을 거라고 생각했어요. 남편과 상의 끝에 다시 일을 시작하기로 했는데, 취업이 되질 않네요. '기혼, 아이 엄마'라는 사실 때문인지, 이력서 통과조차 쉽지 않아요.

얼마 전에 후배를 만났는데, 이력서에 미혼, 아이도 없다고 쓰라고 하네요. 요즘은 다들 그렇게 한다고…. 아이 있다고 하면 아무래도 일에 집중하지 못한다고 사장이 안 뽑는다고요. 제가 그런 식으로 사람 채용하면 실력 있는 디자이너 다 놓치겠다고 하니까, 그런 생각부터 버리래요. 제가 일하던 3~4년 전과 약품이며 기술이 많이 달라졌다고, 자기소개서에 당분간 배우는 자세로 일하겠다고 쓰라는 거예요. 자존심도 버리고 연봉도 낮춰 적으래요. 이게 현실이라고. 주변에서 기술직은 평생 돈을 벌 수 있다고 했고, 저도 일하면서 나름 자부심을 갖고 평생 일할 생각도 했었어요. 그런데 주위에서 '네 감각은 옛날 스타일'이라는 식으로 자꾸 이야기하네요. 이게 다 결혼과 임신, 출산 때문인 거 같아서 속상해요. 그렇다고 무리해서 동네에 조그마한 미장원을 내고 싶지도 않아요. 저의 괜한 자존심인가요? 현실을 받아들여야 할까요? 일을 그만둔 지 오래되지 않았다고 생각했는데, 저 혼자만 많이 퇴보한 느낌이 들어 힘드네요.

— 별이 엄마 "

당신이 처한 상황을
인정하는 데서 시작하세요

▷ 이번엔 심리 상담이 아니라 인생 상담을 해야 할 듯합니다. 저도 별이 엄마 님과 똑같은 고민을 했던 적이 있습니다. 아이를 키우면서 나는 훨씬 더 성숙하고 강해졌는데 세상은 그런 나를 알아봐주지 않고 경력 단절이라는 딱지만 붙여주었습니다. 몇 년 뒤처진 기술을 따라잡는 것이야 뭐 그리 어려운 일이겠습니까. 그보다는 일에 대한 열정과 능력, 인성이 더 중요한데 말이지요. 참으로 우울한 일입니다. 먼저 별이 엄마 님에게 위로의 말부터 건네고 싶습니다. 그리고 아이를 키운 뒤에 다시 사회로 나가 일하고자 하는 생각에도 박수를 보냅니다.

과거 잘 나가던 헤디자이너였다면 실력과 무관하게 아이 엄마라는 이유로 거절 당하는 것에 참을 수 없는 서운함을 느낄 만도 합니다. 차라리 안 하고 말지, 동네 미장원 아줌마가 되지는 않겠다는 마음으로 다시 전업맘이 될 수도 있겠지요.

그런데 별이 엄마 님, 어쩌죠? 주부나 아이 엄마에 대해 왜곡된 시선이 있는 직장 문화가 너무 강고해서 쉽게 달라지지는 않을 것 같습니다. 속상한 일이지만 지금 당장 그 문화를 변화시킬 수 없다면 빨리 받아들이는 것도 지혜로운 태도라고 할 수 있습니다. 사회가 만들어낸 핸디캡, 한계를 인정하는 겁니다. 아이 때문에 직장 일을 소홀히 할 수도 있는 아이 엄마라는 한계 말이지요. "당신들이 나에게 문제가 있다고 손가락질한다는 거지? 그래. 좋아. 바로 그 상황에서 시작하겠어" 하는 겁니다.

실제로 아이 엄마로 직장 일을 하다 보면 과거만큼 몰입하지 못할 때가 많습니다. 아이가 아파 병원에 가야 하는 일이 생기기도 하고, 아이를 돌봐줄 사람이 없어 며칠 쉬어야 할지도 모릅니다. 그렇다고 해서 열등감이나 위축감 같은 걸 느낄 필요는 없습니다. 아이를 키우는 엄마들이 다 그런 상황에 처해 있고, 그게 여성 개인의 문제는 아니기 때문입니다.

우리에겐 아이 엄마로서의 강점도 있습니다. 아이를 키우다 보니 두려움이 줄고, 인내심이 많아지고, 강해집니다. 부지런하고 민첩해지고 생각도 유연해지지요. 공감 능력이 많아지고, 성격도 한층 부드러워집니다. 그런데 세상은 그런 여성들의 변화를 인정해주지 않네요.

별이 엄마 님, 속상하겠지만 자신이 처한 상황을 받아들여보세요. 그러면 그다음 무엇을 선택해야 하는지 판단할 수 있게 될 겁니다. 거절 당하는 것에 마음 상하지 않고, 당당한 마음으로 계속 좋은 직장을 찾아볼 수도 있습니다. 거절 당하는 일은 무척 기분 상하는 일이지만 나라는 존재 자체가 거절 당하는 것이 아니라는 사실을 반복해서 자각하면서 상한 마음을 위로하세요.

저자세를 취해 연봉을 낮춰야 할 수도 있고, 개업을 생각해야 할 수도 있겠지요. 하지만 인생을 길게 보면 알게 됩니다. 지금의 손해가 영원한 손해는 아니라는 사실을요. 지금은 남들보다 억울한 시작일지라도 몇 년 지나면 전혀 다른 상황이 펼쳐질 수 있습니다. 그날의 손해가 오히려 지금의 나를 만들었다고 자랑스럽게 말할 수 있는 날이 올 것입니다.

개인적으로 저는 대형 빵집에 맞서 맛도, 건강에도 좋은 빵을 만들어내는 작은 빵집들의 성공 뉴스를 좋아합니다. 영리에 매달리기보다는 빵을 만드는 일이 좋아서, 아이디어가 담긴 빵을 만드는 게 행복해서 빵을 굽다 보니 어느새 손님들이 줄을 서 있을 정도로 호황인 빵집들 말이지요. 그야말로 전문성과 수익 면에서 모두 성공한 셈이지요.

별이 엄마 님, 번듯한 직장에서 인정받는 것도 중요하지만 경쟁하지 않으면서도 꾸준히 실력을 쌓아 인정받고, 스스로 만족할 수 있는 직장을 만들어보는 건 어떨까요? 그런 일의 시작이 되어보는 건 어떨까요?

지금의 손해, 지금 느끼는 억울함에 너무 오래 머물며 전전긍긍하지는 마세요. 그럴 시간에 오히려 앞으로 나아가세요. 그 첫 발자국이 미미할지라도 아이를 키운 엄마의 저력으로 모든 어려움을 극복하리라 믿습니다. 그리고 후배 엄마들은 그런 어려움을 겪지 않도록 도와주는 선배가 되는 것도 잊지 마시고요.

"
10

재취업을 하고 싶은데
남편이 반대해요

여섯 살, 세 살 아이들을 어린이집에 보내고 재취업을 알아보고 있습니다. 하지만 현실이 그리 녹록치 않네요. 면접을 보러 가면 아이가 있는데 어떻게 일할 거냐며 은근히 싫은 티를 냅니다.

현재 나이 서른다섯, 남편은 둘째까지 초등학교에 보낸 후에 직장은 천천히 알아보라고 하는데요. 저는 근무 조건이나 급여를 조금 낮춰서라도 당장 취업하지 않으면 이대로 영영 사회생활 하는 게 불가능할 것 같아 불안해요. 지금 재취업하는 게 맞는지, 남편 말대로 하는 게 맞는지 통 판단이 서질 않아요.

— 밍키맘 "

스스로 결정하고 기꺼이 책임지는
자세가 필요합니다

> 직장맘들의 가장 큰 스트레스는 아이를 직접 돌보지 못한다는 죄책감에서 생기는데, 거기다 남편까지 취업을 반대한다니 밍키맘 님, 힘이 많이 빠지겠어요.

전업맘으로 살다가 어느 날 문득 이렇게 살아도 되나, 이러다 영영 내 일을 잃어버리는 건 아닐까 두려웠나요? 좋습니다. 왜 하필 지금 그런 생각이 밀려왔는지 설명하기 어려워도 괜찮습니다. 이성적으로는 설명이 안 되는데 몸과 마음이 조바심치는 일이 생긴다면 밍키맘 님처럼 진지하게 고민하고 또 시도도 해봐야 합니다. 인간에게는 직관이라고 하는 사고 기능이 있는데, 이건 논리적인 설명을 뛰어넘어요. 시간이 흐른 뒤, 그때 그렇게 불안해서 재취업을 서둘렀던 게 잘한 일이었다고 생각할지도 모릅니다.

둘째까지 초등학교에 보낸 후 취업하라는 남편의 의견이 맞는 게 아닐까 고민되지요. 개인적인 경험에 비추어 말씀드리자면, 아이들이 초등학교에 입학하기 전에 취업하는 게 좋습니다. 아이들에게는 엄마의 취업이나 자신의 초등학교 입학 모두 긴장된 경험입니다. 그래서 나름의 적응 기간이 필요하고요. 그런데 아이가 초등학교에 입학하자마자 엄마가 취업을 하면 아이들의 스트레스가 배가 됩니다. 다시 말해 아이들이 일하는 엄마에 익숙해진 상태로 초등학교에 가는 게 낫다는 이야기지요.

엄마 입장에서도 그렇습니다. 아이가 학교에 입학하면 엄마로서 해줘야 할 일이 굉장히 많아집니다. 숙제며 준비물, 간단한 시험 준비까지 하루하루 챙겨줘야 할 게 얼마나 많은지요. 아이가 학교생활에 적응하고 친구들을 사귀기까지 은근히 신경도 쓰입니다. 그걸 감당하면서 직장에 적응하려면 회의감과 피로감에 지칠 대로 지칠 겁니다.

제가 보기에도 재취업 적기는 지금입니다. 아이가 여섯 살, 세 살이 될 때까지 전업주부로 아이를 키웠다면 아이들을 위해 충분히 기다려준 거예요. 그 이후로는 엄마 자신을 위한 선택을 해도 좋습니다. 아내의 재취업을 진정으로 생각한다면, 둘째까지 초등학교에 보낸 뒤 천천히 생각해보라는 남편의 말은 그리 합리적인 권유는 아닌 거 같습니다. 남편 충고대로 하고 나면 5~6년이 훌쩍 지나갈 텐데, 40세 이후 여성이 취업할 수 있는 곳이 과연 얼마나 될까요.

어떤 선택이 가장 최선인지 장담할 수 있는 사람은 아무도 없습니다. 엄마의 취업이 아이들에게 고통을 가져다주는 일이라고, 엄마가 아이들 곁에 있어야 아이들이 훨씬 더 행복할 거라고 단언할 수 없지요. 물론 재취업을 하고자 하는 밍키맘 님의 선택이 옳다고 말할 수도 없습니다. 인생이란 것이 그 길을 직접 가보지 않고서는 결과를 절대 알 수 없으니까요. 몇 년이 지나 후회할지도 모릅니다. 그때 남편 말을 들을 걸 괜한 짓을 해서 이 고생을 하다니, 하면서요.

아이들이 많이 크긴 했지만 그래도 취업맘으로 사는 일이 쉽지만은 않을 것입니다. 아이를 더 많이 챙겨주지 못한다는 미안함이 오랫동안 밍키맘 님의 마음을 무겁게 할 수도 있습니다. 그렇지만 밍키맘 님처럼 어떻게 할까 고민하는 분이 있다면 저는 한번 감행해보라고 권하는 편입니다. 해봐야 그것이 잘한 선택인지 알 수 있으니까요. 걱정하고 망설이다가 도전을 포기하기도 하는데, 그런 경우엔 이후 오랫동안 후회할 수도 있답니다. 취업을 원하지만 하지 못한 엄마, 아쉬워하고 후회하는 엄마가 키우는 아이들은 어떤 식으로든 엄마의 불행감에 영향을 받을 겁니다.

인생에서 어떤 중요한 선택을 할 때, 우리는 그 선택이 실패로 끝날까 봐 두려워서 망설입니다. 실패로 끝난다면 자신의 경솔함을 자책하게 되고, 자책은 자존감을 더욱 떨어뜨리기 때문입니다. 그래서 최대한 심사숙고하게 되는데, 생각이 많아지면 선택을 적극적으로 하기 어려워지고, 결국 지쳐서 아무것도 하지 못합니다.

우리는 신이 아니기 때문에 미래를 정확하게 예측할 수 없지요. 그러니 그냥 해보는 겁니다. 아니면 말고, 하는 심정으로 말이지요. 만약 실패한 선택이었다고 해도, 잘못은 아닙니다. 잘못했다는 것은 우리가 한 시도가 원점으로, 또는 원점보다도 더 부정적인 상황으로 돌아가는 걸 의미하지요. 그러나 모든 선택과 결단, 경험 뒤에는 인생에 대한 배움이 남습니다. 무엇을 하더라도, 심지어 실패한 일에도 교훈이 있기 마련이니 그 교훈을 외면하지만 않는다면 후회할 일은 없습니다. 다만 자신이 선택한 걸 너무 오래, 너무 고집스럽게 고수하지는 마세요. 매번 상황을 살피고 돌아봐야 합니다.

제가 하고 싶은 얘기는, 바로 대부분의 선택에 정해진 답은 없다는 겁니다. 중요한 것은 자신이 원하는 선택을 하고 그 선택에 대해 기꺼이 책임지는 것에 있지 않을까요? 그 정도면 완벽하고 훌륭하다는 생각이 드네요.

책임을 진다는 것은 그 선택이 실패로 판명 나거나 혹은 선택의 후유증이 생겼을 때에도 죄책감에 사로잡히기보다는 의연하게 반성하는 겁니다. 그리고 그 잘못된 선택이 알려준 삶의 교훈을 반드시 찾아내야겠지요. 실패에서 인생의 커다란 교훈을 찾아낸다면 결과적으로 그 선택이 실패한 것이라 말할 수 있을까요?

한 가지 팁을 드리자면 아이에게도 그렇게 해주세요. 스스로 한 선택에 대해 스스로 책임지도록 말입니다. 아이를 나무라거나 가르치는 대신 아이에게 이렇게 물어봐주세요. "이번 일에서 넌 뭘 배웠니?" 하고요. 만약 거기서 뭔가 얻어냈다면 그건 칭찬해줄 일이지 벌 받을 일이 아니랍니다.

"
11

줄곧 전업주부로 살아왔는데, 이젠 사회생활이 하고 싶어요

네 살 아이가 있고, 곧 둘째 출산 예정인 30대 중반의 엄마입니다. 저는 지금까지 직장을 다녀본 적이 없어요. 학교에서 공부만 하다 준비하는 시험에 자꾸 떨어지고, 나이는 먹고 그러다 지금의 남편을 만나 결혼한 후로 줄곧 전업주부로 살고 있거든요. 요즘 들어 제 인생이 너무 허무하고 아이 키우며 살림하며 사는 게 그다지 적성에 잘 맞지도 않는 것 같습니다. 앞으로 와이프, 엄마로서가 전부이고 제 능력을 펼칠 기회가 없겠다는 생각에 제 자신이 너무 초라하고 답답해요. 다달이 월급 받고 월차 쓰는 직장생활을 한 번이라도 해보고 싶어요.

— 안나수이 "

자신을 위한 의미 있는 삶을
포기하지 마세요

> 직장생활을 해보고 싶다는 안나수이 님의 생각을 지지하고 격려합니다. 의미 있는 일을 하고 싶고 취업을 해서 돈을 벌고 싶은 다른 많은 주부와 엄마들도 꼭 꿈을 이뤘으면 좋겠습니다. 또한 엄마들의 그 절실한 바람이 한때의 몽상이 되지 않기를 바랍니다.

주부의 취업 이야기가 나왔으니 그 얘기를 좀 더 해볼까요? 많은 젊은 엄마들이 더 나이 들기 전에 일자리를 찾고 싶어 합니다. 그러나 장애가 많지요. 주부를 원하는 직장이 많지 않고, 남편과 시부모가 반대하며, 아이를 믿고 맡길 만한 곳이 없고, 만약 있다 하더라도 탁아 비용이 너무 비싸 버는 돈을 모두 아이 맡기는 데 써야 할지도 모릅니다. 또 퇴근 후 처리해야 하는 가사 노동은 얼마나 많은지요.

무엇보다 큰 문제는 자신이 어떤 일을 원하는지도 모르는 경우가 많고, 원하는 일이 있다 하더라도 직업 훈련이 안 된 상태라는 데 있습니다. 교육을 받기 위한 경제적인 여력도 부족한 경우가 많고요. 그래서 많은 주부가 속만 끓이다가 다시 주저앉고 맙니다. 스트레스와 짜증만 깊어지지요. 또 유능하지 못하다는 생각, 취업을 위해 최선을 다

하지 못했다는 자책감이 계속 자신을 불편하게 할 거예요.

하지만 좌절하지 말고 아이를 낳아 기른 엄마의 저력으로 자신의 일자리를 적극적으로 찾아봐야 합니다. 국가에서 운영하는 직업 상담이나 취업상담센터도 이용하고, 각종 구인구직 사이트도 찾아보세요. 그러면서 내가 할 수 있는 일이 무엇인지 조금씩 감을 잡아나가는 겁니다.

좀 더 현실적이고, 적극적으로 일자리를 찾아봐야 합니다. 너무 막연한 꿈을 고집한다면 아마 일자리를 찾기 어려울 겁니다. 그 무엇이라도 현실과 형편에 맞게 시작해야 합니다. 자신이 그동안 어떤 분야의 취업 준비를 해왔는지, 학교에서는 무엇을 전공했는지 참고하면서요.

또 하나, 월급을 받아 탁아와 가사 노동을 대행할 비용을 해결하고 나면 남는 게 없다며 많은 주부들이 취업을 포기하는데요. 경제적으로는 당장 도움이 되지 않더라도 성취감이나 만족감을 위해 과감히 투자하겠다는 각오가 있어야 합니다. 그 시기는 돈보다 경력 쌓는 일이 중요하니까요.

그런데 안나수이 님은 곧 둘째를 출산할 예정이네요. 아쉽겠지만 취업은 좀 더 뒤로 미뤄지겠지요. 아마 둘째 출산을 앞두고 앞날이 더 걱정되었나 봅니다. '이렇게 내 인생은 엄마로서 끝나는 건가' 하는 생각에 불안하고 우울한 것 같아요. 아이들을 기르는 것 외에 내 삶은 어디로 갔나 싶어 허무했을 수도 있지요.

'앞으로 아내, 엄마로서의 인생이 전부이고, 내 삶을 펼칠 가능성은 없는 건가?' 하는 문제의식은 좋습니다. 그걸 생각하셨다니 칭찬해드리고 싶어요. 그건 이 세상 모든 엄마들이 끝까지 잃지 말아야 할 문제의식이지요. 그것을 놓치고 자신을 포기하면서 아이에게만 몰두한다면 엄마의 인생이 정말 아깝잖아요. 우리도 우리의 아이들만큼 공들여 길러진 자식이며, 여성도 엄마의 길뿐 아니라 자신의 길을 가야 하는 사람이니까요.

둘째 출산 후 몸을 추스르고 나면 멋진 직장에서 일할 가능성이 사라질지도 모릅니다. 그러나 나 자신을 위한 의미 있는 삶을 살 가능성이 없어지는 건 절대 아니라는 사실을 명심했으면 좋겠습니다. 좋은 직장에 다닌다고 해서 의미 있는 삶이 되는 건 아닙니다. '좋은 직장에 다니는 직장인'도 사회적 가면일 뿐이지 자기 자신은 아니기 때문입니다. 실제로 남들이 부러워하는 직장에 다니면서도 자아 상실의 감정이나 공허감에 시달리는 이들이 많다는 건 주지의 사실이지요.

둘째를 낳고 직장을 적극적으로 알아보되, 또 다른 가능성도 충분히 모색해보면 좋겠습니다. 구체적으로 자신이 진정 원하는 삶이 무엇인지, 인생에서 무엇을 추구하는지, 어떤 상황에서 행복한지 구체적으로 생각해보세요. 충만함을 느끼게 하는 취미는 있는지, 또는 마음 깊은 곳에 담아둔 하고 싶은 공부는 없는지도요. 과거에 잘한다는 칭찬을 들었지만 지금은 돌아보지 않는 특기는 없나요? 그림, 외국어, 스포츠, 서예, 문학, 음악, 무용 등 자신만의 영역이라고 할 수 있는 것을 찾아서 꾸준히 해나가면서 전문가 이상의 실력을 쌓아보세요. 일생에 걸쳐 해나가다 보면 그것을 통해서도 충분히 자신의 존재감을 확인할 수 있을 겁니다.

남을 돕는 일은 어떤가요? 보통 자원봉사라고 하면 어떤 일이 주어지더라도 희생적으로 해내는 헌신성을 갖춰야 한다고 생각하는데, 그렇지 않습니다. 자신이 원하는 분야, 자신을 성장시킬 수 있는 분야의 자원봉사를 찾아 그 분야에서 실력을 쌓아보세요.

안나수이 님을 정신적으로 성장시키는 마음 공부는 어떨까요? 인문학이나 심리학을 배우다 보면 육아나 가족 관계에도 도움이 되고, 무엇보다 당신의 삶이 더없이 풍요로워질 겁니다.

멋진 직장을 다녔는지 아닌지는 나이 들수록 의미가 없어집니다. 그보다는 자신만의 확고한 영역이 있는지, 얼마나 성숙한 사람인지, 그래서 가까운 사람들로부터 얼마나 존경받고 사랑받는지, 자신의 삶을 얼마나 즐겁게 꾸려나가는지 그런 것들, 다시 말해 얼마나 행복한 삶을 살고 있는지가 중요해지지요. 그러니 멋진 직장이 아니더라도, 당장 직장을 구할 수 없더라도 좌절하지 말고 지금부터 멋진 삶을 추구하기 바랍니다.

완벽하지 않아도 괜찮아
ⓒ 박미라, 2017

초판 1쇄 발행 2017년 2월 25일
초판 4쇄 발행 2020년 10월 20일

지은이 | 박미라
펴낸이 | 이상훈
편집인 | 김수영
본부장 | 정진항
편집1팀 | 이윤주 김단희 김진주
마케팅 | 천용호 조재성 박신영 조은별 노유리
경영지원 | 정혜진 이송이

펴낸곳 | 한겨레출판(주) www.hanibook.co.kr
등록 | 2006년 1월 4일 제313-2006-00003호
주소 | 서울시 마포구 창전로 70 (신수동) 화수목빌딩 5층
전화 | 02) 6383-1602~3 **팩스** | 02) 6383-1610
대표메일 | book@hanibook.co.kr

ISBN 979-11-6040-041-0 13590

• 책값은 뒤표지에 있습니다.
• 파본은 구입하신 서점에서 바꾸어 드립니다.